河出文庫

栗山魂
夢を正夢に

栗山英樹

kawade bunko

河出書房新社

栗山魂　夢を正夢に／目次

第3章 夢がかなった、それは地獄の始まりだった

栗山魂

夢を正夢に

はじめに

　スポーツでも勉強でも、大人になったら仕事でも、何か難しいことにぶつかると、人間は自分で限界を決めてしまうところがあります。人と自分を比べたりして、「僕にはこんなことはできない」とか、「私はあんなふうにはなれない」と、努力することを放棄してしまいがちです。成績が飛び抜けて良くない自分が、とくに目立つわけでもない自分が頑張《がんば》ることに、何だか居心地の悪さを感じるのかもしれません。

　自分の目標や夢を達成した人は違います。辛いとき、苦しいときでも、「こうなる」という思いを燃やし続けていく。絶対にあきらめないのです。

　それって才能の違いじゃないの、ですか？　運動神経に恵まれている、身体能力に優れているといったように、生まれながらに備わっている資質の違いは、もちろんあるでしょう。それを才能と呼ぶのなら、スタートラインから優位に立っている人はいます。

逆の考え方をしてみましょう。才能に恵まれている人は、努力をしなくても夢や目標が近づいてくるのか？　ぼんやりと日々を過ごしているだけで、幸せな人生を送ることができるのか？　そんなことはありません。

僕が監督を務めるプロ野球の北海道日本ハムファイターズに、大谷翔平《おおたにしょうへい》という選手がいます。プロ野球では過去に例のないピッチャーとバッターの〝二刀流〟で、2017年現在、22歳にして日本を代表する選手と言われています。

野球を始めた小学生当時から、彼は地元で評判の選手だったそうです。身体《からだ》も大きかったと聞きます。

だからといって、大谷選手が才能に寄りかかっていたわけではありません。彼は高校生のときに、「自分は世界一の選手になる」と決めたそうです。高校を卒業したらアメリカのメジャーリーグへ行くんだと、真剣に考えていた。幸いにもファイターズへ入団してくれましたが、「世界一の選手になる」という夢はいまも彼の胸で育まれています。そのための努力も惜しんでいません。ボテボテの内野ゴロを打っても、1塁まで全力疾走します。

夢をあきらめない大切さは、僕自身も身を以《もっ》て感じています。

2016年のプロ野球パ・リーグで、僕らファイターズは福岡ソフトバンクホークスに11・5ゲーム差も離されたことがありました。首位チームにこれだけリードされたチームが逆転したケースは、プロ野球の長い歴史のなかでもほとんどありません。「今年のパ・リーグはホークスの優勝で決まりだ」と誰もが思ったことでしょう。

でも、僕はあきらめなかった。11・5ゲーム差を引っ繰り返すのがどれほど大変なのかは、実際にホークスとたたかっている自分が一番よく分かっています。けれど、可能性が消えたわけではない。それなのにあきらめるなんて、僕にはできなかった。

選手たちに対しても、マスコミの前でも、僕は「可能性がある限り優勝を目指す」と言い続けました。言葉と思いがかけ離れていると相手の心に届かないので、「難しい状況にはなっているけれど、逆転するのは無理じゃない。絶対にあきらめないぞ」と、自分自身に言い聞かせながら。

可能性が0・0001パーセントでも残されているなら、それに向かって突き進まなければ必ず後悔します。できることはすべてやった、やり切った、という思いならどんな結果でも受け入れることができるでしょう。受け入れがたい結果でも、どうにかして納得することはできます。

結果は最高のものとなりました。パ・リーグで優勝を飾り、日本シリーズも制することができたのです。僕らファイターズは、日本一のチームになったのです。目の前の1試合を全力でたたかい、最後まで自分たちの力を信じ続けた選手たちはすごい！　あきらめなければ夢はかなうということを、彼らは証明してくれました。

僕はこう思います。自分には大き過ぎる夢でも、現実離れした目標でも、最後まであきらめなければかなりの確率で実現する可能性がある、と。

「頑張っているけど、なかなかうまくいかない」と言われたら、「頑張っているのは分かる。でも、命がけで頑張っているか？　違う頑張りかたもあるんじゃないか？」と言いたい。

「なりたい」と「なる」は、似ているけれど違うものです。

「なりたい」という気持ちには、うまくいかないと弱い気持ちが入り込んできます。「ああやっぱり、僕には無理かなあ」というものです。

でも、「なる」という気持ちは、簡単にはぐらつきません。失敗したらもっと頑張らなきゃいけないと自分を奮い立たせるし、別の頑張りかたを考えるはずです。両親や先生、監督や友だちといった周りの人たちに、アドバイスを求めたりもするでしょう。

それが大事なのです。大きな志を抱《いだ》いていれば、周りの人たちは必ず助けてくれます。夢を一緒に追いかけてくれます。それがまた、「なる」という気持ちを逞《たくま》しくしていく。夢に向かっていく突破口が開けてくる。

あきらめなければ、どこかに道があるのです。

細くて、暗くて、キツい登り坂で、そのうえデコボコでも、その道は夢へとつながっている。一歩ずつでも踏み出していけば、必ず誰かが灯《あか》りを照らしてくれる。足を挫《くじ》いたら、手を引いてくれることもあるでしょう。そして、道標《みちしるべ》を見つけることもできるはずです。

本気で頑張った人の足あとは、雨が降っても雪が積もっても、確かに残ると僕は思います。

第1章

ヒーローになりたかった、あの頃

長嶋《ながしま》さんに憧れて始めた野球

大人になったらどんな仕事をしたいのか。平成生まれの子どもたちに聞くと、ずいぶんと色々な答えが返ってくるそうです。スポーツ選手はそのなかでも安定して上位のようですが、男子ではプロサッカー選手のJリーガーになりたいとの夢を抱く子どもが多いと聞きます。

僕らの時代は違いました。１９６０年代後半から70年代前半に小中学生だった僕らは、スポーツが好きな子どもなら誰もが「プロ野球選手！」と声を揃えたものです。

当時は読売ジャイアンツが人気、実力ともにずば抜けていて、中心選手の長嶋茂《しげ》雄《お》さん、王貞治《おうさだはる》さんは男の子たちの憧れでした。学校の休み時間でも、放課後でも、友だちが何人か集まれば野球の始まりです。長嶋さんの華麗なボールさばきや王さんの一本足打法を、誰もが真似していました。

マンション、スーパー、コンビニエンスストア、駐車場などが街を隙間なく埋めている現在と違って、僕らが子どもの頃は自宅の近くにいくつもの空き地がありました。僕が生まれ育った東京都小平市が、都心へ通勤するお父さんたちが多く住むベッドタウンと呼ばれるところだったことも関係しているかもしれません。いずれにしても、テレビゲームが発売されるのはまだずっと先で、携帯型ゲーム機なんて想像もできない少年時代を過ごした僕は、太陽が街を照らしている限りはボールを投げて、バットを振っていたのです。

野球チームには、小学校1年で入団しました。3歳年上の兄が所属していて、父が監督を務めていたので、僕にとってはあらかじめ決まっていた人生のルートだった気がします。生まれて初めてユニフォームに袖を通した瞬間の気持ちは、いまでもはっきりと思い出すことができます。空き地での草野球でヒットを打ったときとも、学校の体育で先生に褒《ほ》められたときとも違う嬉《うれ》しさが、僕の胸のなかで広がっていきました。

小学校4年になると、僕は5、6年生に交じってピッチャーを任されていました。打順は4番です。野球の才能に恵まれていたわけではなかったのですが、子どもながらに運動神経はいいなと感じていました。

ちょっぴり自慢をすると……幼稚園の運動会でリレーのアンカーに指名された僕は、半周以上先を行く友だちを追い抜きました。小学校低学年では、相撲大会で優勝しました。同級生に比べるとスポーツ万能だなという自覚はあり、そのなかでも「オレって足が速いんだな」という意識は、ものすごくありました。

ところが、父親の野球チームでは——。

チームメイトがエラーをする。監督の父は、その選手ではなく僕に怒るのです。平成生まれの皆さんはご存じないでしょうが、『巨人の星』というマンガに登場する星一徹《ほしいってつ》にそっくりでした。主人公を徹底的に鍛《きた》え上げ、家庭でも超スパルタの父親です。テレビを観ながらテーブルにひじをついていたりすると、「そんなことは教えとらん!」と、怒鳴りつけられる。監督と選手という立場にある野球場ではもちろんのこと、家庭でも父には敬語を使っていたぐらいです。

次男だった僕は性格的にわがままなところがあり、我慢することを覚えさせるために野球をやらせたと、大人になってから父に知らされました。チームメイトのミスでも僕が怒られたのは、野球はチームでやるものなのだ、仲間のミスは自分のものとして受け止めるのだ、というメッセージだったのでしょう。

でも、小学生の僕はそこまで思いをめぐらせることができません。自分がミスをしたわけじゃないのに、どうして僕が怒られるんだよ？　と思う。だからといって、口答えなんてできない。ものすごく屈折したやり場のない思いを、いつも抱えていたような気がします。

もちろん、父の教えに納得できるところはありました。

僕が小学生当時は、ボウリングが大変なブームを呼んでいました。ボウリングのテレビ番組があって、女性のプロボウラーが大人気でした。子どもから大人までが気軽に楽しめるレクリエーションで、どこの街にもボウリング場があります。ただ、僕らの学校では子どもだけで行くのは禁止されていました。

行ってはいけないと言われると、いたずら心とか好奇心をくすぐられます。「オレたち、ボウリング場へ行ってきたぜ」と、学校で同級生にアピールしたい。そんな気軽な気持ちで、僕は仲の良い友だちと出かけました。

子どもたちが考えることは、先生たちもお見通しです。僕たちはあっさりと見つかってしまい、父も知るところとなりました。

父に激怒されるのは分かっていますから、僕は友だちに「お前がオレを誘ったことにしてくれないかな」と頼みました。友だちは「分かった、それでいいよ」と引き受けてくれましたが、子どもの浅知恵です。これもまた、すぐにバレてしまいました。

お説教をされることを覚悟している僕に、父は意外な反応を見せます。学校のルールを破ってボウリングへ行ったことではなく、友だちに責任を負わせたことを責めたのでした。

「お前は本当に誘われて行ったのか？　違うのだろう？　自分がやったことを人のせいにするなんて、人間として一番やってはいけないことだぞ。二度と同じことはするな」

言い訳の余地はありません。僕は父に全面降伏です。翌日、主犯役を押しつけた友だちに謝りました。こんなことをしていたら、友だちをなくしてしまうと思ったからです。

周りから良く思われたいとか、自分が損をしたくないという気持ちは、人間なら誰でもあるものです。ただ、そのために友だちを悪者にしたり、自分だけ安全地帯へ避難したりするのは卑怯です。

友だちの陰に隠れてルールを破るようなことはしない。

父には大切なものを教えてもらいました。

父のチームでエースの僕

父への恐怖や不満はともかくとして、野球はうまく進んでいきます。

僕らのチーム『富士見スネークス』は、小平市内の野球チームが集まる夏の大会で、毎年のように決勝戦まで勝ち残っていました。１００チーム規模の大会ですから、強豪と言ってもいいでしょう。ただ、いつも準優勝に終わっていました。

それだけに、自分が最上級生となった夏の大会には、ありったけの情熱と気合いを注ぎました。絶対に優勝する！　という気持ちを強く持って臨《のぞ》みました。

エースだった僕は、１回戦からマウンドを守りました。連投の疲れが溜まってきましたが、このチームで優勝する最後のチャンスですし、何よりもチームのエースです。決勝戦も自分が投げるつもりでした。ところが、父は同学年のピッチャーを先発に指名し、僕はショートで出場することになったのです。

優勝のかかった大切な一戦で投げたい、自分の力で優勝を勝ち取るのだ、という気持ちが行き場を失います。試合が始まるまでは、悔しさを消せずにいました。

それでも、プレーボールが宣告されたら試合に集中していきます。ゲームは緊張感のあるなかで進み、1対0で勝利をつかむことができました。富士見スネークスに、初優勝の瞬間が訪れたのです。

嬉しかった！　それまで僕は、「エースで4番も任されているんだから、自分がしっかりやらないと勝てない」と思っているところがありました。結果に対して責任を持つのは悪くありませんが、いつしかそれが「オレの頑張りで勝った」と考えることにつながっていたのかもしれません。自分の居場所だったマウンドから離れることで、僕はチームの一員としての立場を改めて確認することができたのです。

ひとりひとりが役割を果たすことで、チームスポーツは勝利へ近づく。好き勝手にプレーする選手がひとりでもいたらチームは機能しないし、自分ひとりが満足できる成績を残したところで、チームが勝てなければ嬉しさは半減してしまう。

チームメイトと力を合わせて勝つのは、こんなにも嬉しいことなんだ！　楽しいことなんだ！　最高だ！　自分が頑張ることで友だちが喜んでくれると、他でもない自分も嬉しくなることに僕は気づきました。そして、チームメイトのためなら、応援してくれる家族のためなら、もっと頑張れると思いました。

野球に親しんでいる皆さんは、「一球入魂」という言葉を聞いたことがあるでしょう。

平成よりも前の昭和と、そのまた前の大正の時代に、野球の普及に力を注いだ飛《と》田《び》穂《た》洲《すいしゅう》さんの言葉です。「学生野球の父」と呼ばれた飛田さんは、「野球は無私道《ぶしどう》なり」という言葉も残しています。その意味を僕は、「自分を無くすことが野球であり、人のために尽くさなければ勝てないのだ」と解釈しています。

小学6年生当時の僕は、「野球は無私道なり」という言葉に出会っていません。ただ、ピッチャーを外れてつかんだ優勝から、「人のために頑張る尊さと楽しさ」を、知ることができたのでした。

一球入魂、運命的な出会い

小学校6年のある日、僕は人生の予言者に出会います。練習試合を終えた僕に知らない男性が近づいてきて、「君はプロ野球選手になれるから、これからも頑張りなさい。私はいままでふたりの少年に『プロになれる』と断言して、その言葉どおりになっている。君は3人目だよ」と言われたのです。

僕自身もプロ野球選手になりたいと思っていましたから、名前も知らない男性の言葉でも飛び上がるほどに嬉しかった。「よおおしっ、中学校でも頑張るぞ！」と、気合いを充電したものでした。

ところが、中学校入学と同時に野球部を見学してみると、夢や目標が急速に萎《しぼ》んでいきました。野球を指導する監督がいないために、レクリエーションのように楽しんでいるだけなのです。

このチームで野球を続けても、プロにはなれない。もっと自分を鍛えられる環境を探さなければ――。

バットとグローブのない生活は考えていなかったのですが、僕はバレーボール部へ入部しました。校内でもっとも練習が厳しく、兄が同じ中学でバレーボールをやっていたからです。顧問の先生もとても情熱的で、その指導方法は父も認めていたようでした。

ピッチングでもバッティングでも、野手のフィールディング（守備）でも、野球は静から動へ移行します。それに対して、バレーボールは動、動、動の連続です。ネットを挟んで攻撃と守備が、絶え間なく入れ替わります。フィジカル面で瞬発力が磨《みが》かれていくだけでなく、一瞬でも気を抜くことができないので集中力も身についていきます。今度また野球をやるときのために身体と心を鍛えておこう、と考えていた僕にはピッタリのスポーツでした。

もっとも、朝練と放課後の練習で徹底的に絞られるので、野球のことを考えるような余裕はありませんでした。それよりも、バレーボールにどんどんと魅せられていきました。

バレーボールへの熱を、さらに高める出会いもありました。

僕が中学校へ入学した1974年の日本では、プロ野球に負けないぐらいにバレーボールも人気スポーツでした。２年前のミュンヘン・オリンピックで、男子チームが金メダルを獲得していたのです。そのプロセスはテレビアニメとして放映され、金メダルの裏側に苛烈《かれつ》なまでの練習があったことを知った僕は、男子チームのたたかいぶりに涙を流したものでした。

そのチームを指揮した松平康隆《まつだいらやすたか》監督が、僕たちの中学校で講演をすることになったのです。何という偶然、何という奇跡、何というめぐり合わせ！

テレビで観慣れているトレーニングウェアではなくスーツを着た松平監督は、「負けてたまるか」という思いがオリンピックの金メダルにつながったと話していました。当時のバレーボール界は、ヨーロッパ勢が支配するものだったそうです。その大きな要因は、身体の大きさや圧倒的なパワーでした。欧米人に比べると小柄でパワーに欠ける日本人は、ゲームに臨む前から劣勢に立たされていたのです。

身体が小さいだけで、日本人は世界で結果を残せないのか？　そんなことはない。必ず勝機はあるはずだ――身体能力という生まれながらの差を克服するために、松平監督は猛烈なトレーニングを選手たちに課した。自分の気持ちに迷いが生じたり、選手たちが挫けそうになったりしたら、「ヨーロッパのチームに負けてたまるか！」

と、自分を、選手たちを、奮い立たせたと話していました。

前向きな気持ちを持ち続ければ、どんな困難も乗り越えられる。練習で流した汗は、必ず自分を支えてくれる。努力は人を裏切らない。松平監督の講演を聞いた僕は、それまで以上にバレーボールに打ち込んでいきます。それまでは全国大会優勝が目標でしたが、「自分もオリンピック選手になりたい」と、真剣に考えるようにもなりました。

それなのに――。中学2年の夏休みを前にした練習で、腰《こし》と膝《ひざ》に激痛が走りました。立っていることさえできないほどでした。

僕らのバレーボール部は体育館で練習をしていたのですが、床がかなり硬かったのです。その影響もあって、ジャンプと着地を繰り返すなかで、腰や膝に負荷がかかっていったのでしょう。

夏休みが終わると3年生は部活を引退し、2年生中心の新チームが立ち上がります。中学入学当時の身長が152センチだった僕は、スパイカーにボールをトスするセッターとして認められ、新チームではキャプテンを任されることになっていました。強豪チームの伝統を受け継いで、自分たちも大会で好成績を残すぞという意欲に、いきなりブレーキをかけられてしまいました。

　バレーボール部員のほとんどは、腰と膝に不安を抱えていました。僕自身もこれが初めてではなく、病院で診《み》てもらったことがあります。そのときは大事に至らなかったのですが、今回は膝が真っ赤に腫《は》れ上がり、曲げると激痛が走りました。

　診察をしてくれた先生は、深刻そうな表情を浮かべながら僕に言いました。

「これ以上バレーボールを続けたら、運動ができない身体になってしまうかもしれない」

　ショックでした。しばらく休まなければいけないだろうな、という覚悟はしていましたが、まさかバレーボールをやめたほうがいい、と言われるとは。せっかくバレーボールが楽しくなってきたのに……。

　キツくてしかたのない練習も、「続けないほうがいい」と言われると何だか懐かしくなります。自分にとって大切な場所を失った気がして、僕の気持ちは重く沈みました。目の前の景色から、色が抜け落ちたような気がしました。

　けれど、結論を先送りするわけにはいきません。2年生を中心とした新チームが立ち上がるタイミングでしたから、これからどうするのかを早く決めないと迷惑がかかってしまう。僕は、バレーボール部を退部することにしました。すぐには気持ちを整理できませんでした。でも、いつまでも落ち込んでいるわけにはいきません。

僕がバレーボールを始めたそもそものきっかけは、野球に役立つ身体作りをするためでした。バレーボールは続けないほうがいいと言われたけれど、すべての運動を取り上げられたわけではない。それならば、野球へ戻ればいいんだと考えたのです。

自分の思いどおりにいかないこと、自分ではどうにもできないことが、人生では何度も訪れます。けれど、頭を抱えたくなるようなことも、それ自体はプラスでもマイナスでもない。それを決めるのは自分自身で、バレーボールができなくなったことをプラスにすることは、本人である僕にしかできない。そう考えて、頭のスイッチを思いきって切り替えました。

バレーボールをやめたことは、結果的に新しい道を切り開くきっかけになりました。その頃、小平市に『小平ポニーズ』という中学生硬式野球のポニーリーグのチームが誕生し、監督に就任した方が「もう一度野球をやってみないか」と声をかけてくれたのでした。

もし僕がバレーボールへの未練を断ち切れなかったり、「もうイイヤ」といった感じで目標のない生活を送っていたりしたら、生まれたばかりのチームを遠くから見ているだけだったかもしれません。「高校野球で甲子園に出場して、将来はプロ野球選手になる」という夢を胸のなかで温めていたから、自分では予想もできなかった出会いに恵まれたのかな、と思います。

もうひとつ幸運があったとすれば、その監督さんは小学6年生当時の僕に「君はプロ野球選手になれる」と言ってくれた方だったのです。練習試合でも一生懸命にプレーしていたことが、数年後の自分を助けることになるとは——めぐり合わせの妙を感じるとともに、一日一日を大切に過ごす意味を知ることができました。

少しでも手を抜いたプレーをすると監督の父に怒鳴られるので、練習試合でも真剣にやるのは当たり前のことではありましたが……。いずれにしても、僕の野球人生が本格的にスタートした瞬間でした。

ずっとやりたかった野球ですから、全力で打ち込みました。心も身体もすべて野球に傾けて、夢中になって練習をしました。腰と膝への不安もありません。僕の身体が野球の動きに合っていた、ということかもしれません。

好きな野球を思いきりプレーできただけでなく、自分が変わっていると感じることができました。小学校6年当時に比べると、身体のバネが明らかに強くなっているのです。バレーボールに求められる跳躍や屈伸の動きが、野球に生かされていたのでしょう。

具体的な場面をあげると、守備や走塁で思いきったプレーができるようになりました。身体を投げ出すことへの恐怖感が、見事なまでに取り除かれていたのです。チームメイトが嫌がるフライングキャッチも、僕にはまったく苦になりません。

なぜか。バレーボールの硬いコートで頭からボールへ飛びつくことに比べたら、土のグラウンドに身体を投げ出すぐらい何てことはありません。芝生のグラウンドは土より衝撃を吸収してくれるので、さらに楽になります。バレーボールから離れたことで練習の効果を実感できたのですから、人生では何がプラスに働くのか分かりません。

バレーボールが僕に与えてくれたのは、プレーの変化だけではありません。考える作業も身につきました。

バレーボールは身長がモノを言うスポーツです。170センチの選手より180センチのほうが、高い位置からスパイクを打つことができる。身長だけではなくジャンプ力も問われますが、長身選手が有利なのは間違いありません。

160センチにも満たない僕は、どうしたら活躍できるのか。チームを手助けすることができるのか。少年野球の監督だった父にも「考えてプレーしなさい」と指導されていましたが、自分にしかできないプレーの生み出し方、自分の生かし方というものを、バレーボールを通して意識するようになりました。

ピンチこそチャンスだった

身体と心の両面に及んだ変化もあって、僕は『小平ポニーズ』のエースになることができました。球速は速かった！　このときが野球選手としての絶頂期だったと思えるぐらいに、いいピッチャーだったと思います。

ポニーリーグは毎年1回、アメリカのチームと親善試合をしています。中学2年のときは僕ら『小平ポニーズ』が日本の代表となり、横田基地でアメリカのチームと対戦することになりました。

どうして自分たちが選ばれたのか、その試合がどのような意味を持つのか、当時の僕ははっきりと理解できていません。そして目の前の相手に思いきりぶつかっていくことに集中した結果、アメリカのメジャーリーグの記者が決める最優秀選手に選ばれたのです。それだけではなく、「アメリカのマイナーリーグへ来てみないか」との誘いも受けました。

自分は速い球を投げることができる、という自覚はありました。けれど、メジャーリーグで日本人選手が当たり前のようにプレーするようになるのは、まだずいぶん先のことです。プロになるなら日本しかない。野球の本場であるアメリカへ来ないかと言われても、まるっきり現実味がありません。メジャーリーグへの登竜門としてマイナーリーグというものがあることさえ、当時はほとんど報道されていませんでしたから。

それよりも嬉しかったのは、中学3年のときの練習試合が引き寄せた出会いです。

千葉県のあるチームとの対戦で、僕は相手チームのバッターを気持ちよいほどに打ち取っていきます。三振は10個を軽く超えていたはずです。バックもしっかりと守ってくれ、文句なしの快勝をつかみました。

試合を終えた僕らは、相手チームのベンチへ挨拶に行きます。対戦相手がいなければ、試合は成立しません。少年野球でも高校野球でも欠かせないこの儀式は、とても大切なものだと僕は思っています。

相手チームのベンチ前に整列すると、チームメイトの視線がひとりに集中しています。「ほら、あの人」という小声が聞こえてきます。僕にとっても見覚えのある顔ですが、すぐには名前が出てきません。隣に立っているチームメイトの顔を覗《のぞ》くと、「大下《おおした》さんだよ」と教えてくれました。元プロ野球選手の大下弘《ひろし》さんだったのです。

大下さんは1959年に現役を引退しています。その2年後に僕は生まれているので、現役時代を見ることはできていません。それでも、打撃の神様と呼ばれた川《かわ》上哲治《かみてつはる》さんと並んで、「赤バットの川上、青バットの大下」と言われていたことは知っています。この場所に父親がいたら、きっと興奮を隠し切れなかったでしょう。「有名な元プロ野球選手が指導をしているなんて、すごいチームなんだなあ」と思っていると、大下さんがベンチから出てくるではありませんか。それも、僕に向かって。

その場に立ち止まっていると、大下さんが右の手のひらを広げて言ったのです。

「君はきっと、こういう選手になれるから」

5本の指が何を意味しているのか、僕には分かりませんでした。年俸5000万円の選手になれるということなのか、それとも年俸5000万円の選手になれるということだったのか……。自分が大人になったいまなら、大下さんが何を伝えたかったのかが分かります。「君には可能性がある。だから、絶対に夢をあきらめないで頑張るんだよ」と激励してくれたのでしょう。いまの僕が可能性を感じる少年に出会ったら、「プロ野球で待っているよ」と声をかけるでしょうから。

自分の力を余すところなくゲームで発揮できて、その試合を元プロ野球選手が見ていた——僕は運が良かったと思います。

けれど、運は自分で引き寄せるもの、という考え方もあります。

運を引き寄せたり自分を成長させるには、どうしたらいいのでしょう。

サインを見落とさないことだと、僕は思います。

勉強やスポーツで友だちより一歩前へ出たい人も、いまはまだ自分なりの目標が定まっていない人も、日常生活からヒントを得ることができます。そのヒントは特別な立場の人だけが持っているものではなく、両親、兄弟、学校の先生、部活動の顧問の先生といった身近な人たちも与えてくれます。友だちとの交わりにも、自分を成長させるヒントはあるでしょう。

ただ、いつもそばにいる人の言葉を、ひとつひとつ心に留めるのは難しい。何か言われることが、当たり前になっていますから。せっかくのアドバイスを、小言のように受け取ってしまうこともあるでしょう。中学生だった僕もそうで、だからこそ、大下さんの言葉にとてつもない勇気と希望をもらうことができました。

けれど、家庭での何気ない会話のなかにも、自分が良くなるためのヒントは必ずあるのです。日常生活に潜むヒントは空気のようなもので、目に見えるものではありません。つかみ取ることもできません。それだけに、「いまのは僕に役立つんじゃないか?」と考えることが大切でしょう。自分自身の気持ち次第で、自分を助けるヒントをすくい取ることができます。

エース、甲子園を目指す

大下さんの言葉に背中を強く押してもらった僕は、高校野球は名門校でプレーしようと考えるようになっていきました。絶対に甲子園へ行くのだという思いで、全身が染まっていたのです。

忘れられない記憶があります。

野球を始めて1年が経った小学2年生の夏、自宅の犬を散歩に連れていったときのことです。いつものように商店街へ向かうと、雰囲気が違います。小学生の僕は夏休み期間中ですが、サラリーマンや主婦の方々にはごく普通の平日です。それなのに、商店街が閑散《かんさん》としているのでした。

どうしたのかな、何かあったのかな——答えは電器店の前にありました。ショーウインドーのテレビが、夏の甲子園大会の決勝戦を映し出していたのです。しかもその試合は、青森県代表の三沢高校と愛媛県代表の松山商業高校が演じた、延長18回に及ぶ死闘でした。

高校野球の決勝戦を観るために、サラリーマンは会社から出ないし（ひょっとしたら喫茶店にいた？）、主婦も自宅でテレビを観ている。街から大人たちが消えてしまうなんて、高校野球は何てすごいんだ！　このとき僕は、甲子園へ行くことを心に誓ったのです。

ポニーリーグでの最優秀選手が評価されたのか、僕はおよそ40の高校から推薦入学の話をいただきました。中学3年の秋が深まっていくと、毎日のように学校関係者が自宅を訪ねてきて、推薦入学の内容を説明するのです。そのなかには、何百万という契約金を用意すると提案してきた高校もありました。

15歳の自分に契約金？　まるでプロ野球選手じゃないか！　ひょっとして自分は野球の天才なんじゃないか、と思ったこともありました。

でも、僕の志望校は早くから決まっていました。

神奈川県の東海大相模高校です。のちにジャイアンツで4番バッターを務め、現役引退後は監督として成功を収める原辰徳《はらたつのり》さんが、東海大相模の選手だったのです。僕にとってはプロ野球選手よりも身近な存在で、とにかくカッコ良かったのです。

原さんと僕は学年が3つ違うので、僕が進学しても原さんは卒業しています。一緒にプレーすることはできません。それでもかまわないと、僕は思っていました。原さんが着ているタテ縞《じま》のユニフォームを着て、甲子園でプレーしたい。その一心を原動力として、東海大相模のセレクションを受けました。推薦入学のテストです。

セレクションに臨むにあたって、僕には密やかな願いがありました。憧れの原さんに自分のプレーを見てもらい、アドバイスをもらえたら、というものです。

いくつもの偶然が重ならなければ実現しませんし、そもそもセレクションに集中しなければいけません。実際には会えないだろうな、と思っていました。

ところがグラウンドへ出ていくと、練習を終えた原さんにバッタリ！　金縛りにあったように立ち止まってしまい、それでも視線だけは外さない僕を見て、原さんは「おう、セレクション生か、頑張れよ」と声をかけてくれたのです。

原さんがくれた言葉にモチベーションを刺激された僕は、自分の実力をアピールすることができました。セレクションに合格することができ、東海大相模へ進学する権利を得たのです。

僕の進路について兄も含めて家族4人で、話し合いを繰り返しました。

両親から「勉強しなさい」と言われたことはありません。何事にも厳しかった父も、「勉強をしろ」と声を荒らげたことは一度もなかったのです。

その代わりに、「やりたいことをやるための準備はしなさい」と言われていました。自分が行きたい学校があるなら、入学試験に受かるための学力を身につけることが、「やりたいことをやるための準備」になります。野球の強豪校へ入学する目標への準備として、僕は勉強もしていました。

両親は僕の希望に強く反対しました。とくに、父が。元々が頑固ですから、僕の意思など関係ありません。「野球で高校を選ぶことを否定はしない。でも、大きなケガでもして野球ができなくなったらどうするのか」というのが父の考えでした。バレーボールで腰と膝を痛めていた僕ですし、野球選手として体格に恵まれているわけでもありません。「強豪の東海大相模でもできる」という自信はありましたが、「野球という道を絶たれてしまったときのことも考えておかなければならない」という意見は、僕自身も無視できないものでした。

進路についての話し合いを家族で続けていくなかで、創価高校の校長先生とお会いする機会がありました。僕の自宅まで足を運んでくれ、教育方針などを説明してくれたのです。質実剛健で個人を尊重する校風に、僕は魅力を感じました。

創価高校には甲子園の出場経験がありません。けれど、これから野球部の強化に力を入れるとの説明がありました。校長先生が持参した推薦入学で勧誘しているリストを見ると、同世代なら誰もが知っている名前がズラリと並んでいるのです。のちにプロ野球でプレーする選手も含まれていました。

これなら甲子園に行けるとの確信を、僕は抱きました。地元の小平市にある学校なので、通学にも便利です。東海大相模への未練を断ち切れたわけではありませんでしたが、すでに実績のある強豪校ではなく、自分たちの力でチームを強くしていくのもチャレンジとして面白いんじゃないかという気持ちが、大きくなっていきました。

両親の同意を得ることもできました。東大合格者を出している学校としてのレベルは、父を納得させるものだったようです。父の同意を得られたことが最終的な決断材料となり、僕は創価高校への入学を決めたのでした。

第2章

自称天才、凡才に化し、夢から逃げる

高校野球部に入部

校長先生が見せてくれたリストの選手たちは、中学3年の冬から創価高校で練習を始めていました。全国大会の優勝投手や準優勝のメンバーなど20人が、甲子園出場へ向けてスタートを切っていく……はずでした。

高校へ入学して野球部の一員となり、新入部員が集まりました。そこには、20人のうち4人しかいないではありませんか！　ここから先は想像ですが、創価高校以外からも誘われていて、そちらへ入学した選手がいたのでしょう。推薦入学でも一定以上の学力が求められるので、入学の許可が出なかった選手もいたのかもしれません。

それでも、同級生には実力者がいましたし、2、3年生にも目を奪われるような選手がいました。監督を務めるのは、大学野球やノンプロで経験豊富な稲垣人司《いながきひとし》さんです。僕らの入学とほぼ同時に稲垣さんがやってきたのは、学校側が野球部の強化に力を入れている証だったのでしょう。

練習は厳しかったです。いや、「厳しい」という表現では足りません。過酷でした。地獄のような日々でした。

ポニーリーグの『小平ポニーズ』は練習が週3回でしたが、高校野球は毎日です。これはあらかじめ分かっていたことですが、驚かされたのは練習の内容でした。

身体作りのための基礎トレーニングでは、屈伸を5000回やるのです。50回でも500回でもなく、5000回です。何のトレーニングでもケタがひとつ多い。それだけの量をこなすには、相当な時間がかかります。日付が変わるまで練習が続くのも、僕らには当たり前のことでした。しかも、数時間後には朝練のためにまた集まるのです。一日の区切りがほとんどないくらいに、野球漬けの毎日を送っていました。

日曜日は練習試合です。午前中に1試合、午後に1試合のダブルヘッダーが定番なのですが、午前中の試合に負けるとお昼ご飯を食べさせてもらえない、午後の試合に負けると帰りはランニング、なんていうこともありました。

監督が見ていないところでは、少しぐらい手を抜いても良かったのかもしれません。けれど、練習試合をやると分かるんです。「もっと頑張らないと、甲子園には行けないぞ」ということが。激戦の東京都予選を勝ち抜くために、歯を食いしばって練習をしている学校は数え上げたらキリがない。

ひとつひとつの練習は自分を鍛えるため、野球がうまくなるためだから、5000回の屈伸も1回だってズルしたことはありません。身体が大きくないのだから、練習をサボるなんてことはできないよな？　と自分に問いかければ答えは明らかです。

練習は本当にキツかったけれど、逃げ出そうと思ったことは一度もなかったし、野球を嫌いになったこともありませんでした。朝は始業時間に間に合うように登校して、放課後は寄り道をしたりするクラスメイトと自分を比較して、虚《むな》しさを覚えることもなかった。

自分なりの時間を過ごすクラスメイトに、まったく心を動かされなかったと言うには無理があるかもしれません。でも、他人と自分を比較しても意味がないよな、という思いはいつも心の真ん中にありました。

野球においても、それは同じです。

僕が監督を務める北海道日本ハムファイターズに、大谷翔平という選手がいます。

彼は日本だけでなくアメリカのメジャーリーグでも過去に例のない、バッティングとピッチングの二刀流でプレーしています。

僕が監督に就任した2年目に、翔平はファイターズの一員となりました。彼は野球が大好きで、向上心に溢《あふ》れています。それでいて、並外れたセンスを持っています。

プロ野球選手だった当時の自分と比べると、バッティング練習に費やしている時間、素振りをしている時間は、僕が上回っていると思います。二刀流なので、ピッチングの練習もしなければいけません。打撃練習ばかりに、時間を費やせない事情はあります。

では、翔平と僕のどちらが、良い成績を残しているのか？

間違いなく翔平です。生まれながらにプロ野球選手になれる素質を、彼は持っています。努力の量が結果のすべてを決める、というわけではないのです。

バッティングでもピッチングでも、フィールディングでもベースランニングでも、持って生まれたセンスというものがあります。練習量は自分と同じなのに、あるいは少ないのに、自分よりうまくプレーできるチームメイトがいれば、心がざわついてもおかしくありません。一時的にやる気を失ったり、練習に身が入らなかったり、身近な人に不満をぶつけたり、グチをこぼしたり……。

僕だって悔しい思いをしました。一度や二度ではありません。野球の名門校と僕ら創価高校には、大げさではなく大人と子どもぐらいの力の差がありました。悔しさをはるかに通り越して、絶望的になるぐらいの負けかたをしたこともあります。

でも、あきらめたことは一度もありません。自分よりうまい選手、自分たちより強いチームはもちろん羨《うらや》ましかったけれど、自分自身のレベルを引き上げることに、力を注いでいきました。苦しいとき、辛《つら》いときには、「自分の力を信じるんだ!」と心のなかで大きな声をあげていました。

もっと野球がうまくなりたいという真っすぐな気持ちは、ケガさえも克服します。克服してしまうのです。

東海大相模との練習試合で、バントに失敗して指を骨折したことがあります。バットとボールに、指が挟まってしまったのです。

ズキン、ズキンという鈍い痛みが、どんどん広がっていきます。でも、一度は入学しようと思った東海大相模との試合です。自分の選択が間違っていなかったことを結果で証明するためにも、負けるわけにはいかない。絶対に勝たなければいけない。痛いなんて言うつもりはなかった。指の骨が折れたままで、僕は最後までプレーしました。試合が終わるまで、骨が折れていることに気づかなかったぐらいです。

僕が高校時代を過ごした1980年代は、こういった無理が半ば当たり前でした。野球だけでなく、他のスポーツでも、痛みを隠してプレーする選手がたくさんいました。

それが正しい、とは言いません。無理をしないで早くケガを治したほうが、結果的に自分のためになる。チームに迷惑をかけないことにもつながる。いまの僕が高校生の指導をしていたら、当時の自分のようなことは絶対にさせないでしょう。成長期の身体に過剰な負担をかけると、その後の競技人生に影響が及んでしまうかもしれません。

それでも、痛みをこらえてもやらなければいけないときがある。そうやって頑張っているチームメイトを見たら、心が奮い立つ。「ケガをしているアイツのぶんまで、オレがやらなきゃいけない」という気持ちが、チーム全体に広がっていくでしょう。そういう気持ちのやり取りは、とても大切だと僕は思うのです。

誤解をされないために付け加えておくと、創価高校の稲垣監督が僕ら選手に無理をさせたわけではありません。むしろ、僕ら選手の身体のことを、いつも気にかけてくれていました。

高校1年の秋に、僕は膝を痛めました。バレーボールをやめる原因となった膝が、再び悲鳴をあげたのです。

治療が必要な僕に、稲垣監督は知人の整体師さんを紹介してくれました。こうして、痛みで曲げることもできなかった膝は快方に向かい、何の不安もなくまた野球に取り組めるようになっていったのです。

甲子園へのラストチャンス

創価高校に入学した当時の僕らは、東京都に数ある野球部のひとつに過ぎませんでした。しかし、稲垣監督の指導で身体も心も鍛えられていったことで、少しずつですが確実に甲子園出場が現実味を帯びていきます。

3年生の春季大会では、東京都のベスト4まで勝ち上がりました。あとひとつ勝って決勝戦へ辿り着けば、関東大会へ出場できます。夏に控える甲子園の予選へ向けて、弾みをつけることができるのは言うまでもありません。

僕はチームのエースです。キャプテンも任されていました。付け加えておけば、打順は3番です。1年生の夏の大会からベンチ入りをしてきたので、キャプテンという立場を抜きにしてもチームの中心という自負があります。

ここでやらなくて、いつやるんだ！　連投の疲れなんて、気持ちで吹っ飛ばしてやる。攻撃のチャンスでは必ずランナーを帰す。攻撃でも守備でも、ありったけの闘志を相手チームにぶつけました。

ところが……。創価高校は0対3で敗れるのです。ピッチャーの僕が乱調だったことも、敗戦を招いた一因でした。

相手チームは早稲田実業で、王貞治さんの母校です。野球を始めた小学生当時から、王さんにはずっと憧《あこが》れてきました。色々な意味で気持ちが入り過ぎて、空回りをしてしまったのかもしれません。

関東大会出場は逃したものの、創価高校は夏の甲子園の予選で第2シードに指名されます。史上初の甲子園出場へ、学校全体の期待が高まっていました。

稲垣監督も手ごたえを感じていたのでしょう。僕を含めたピッチャーは、6月から特別キャンプに入ります。7月の予選開幕を見据えて、1か月間みっちりトレーニングをしました。投げ込みだけでも、一日に200球です。このほかにも、足腰を鍛える走り込みがあり、通常どおりにバッティングや守備の練習も消化します。

甲子園へのラストチャンスですから、できることはすべてやろうと思っていました。どんな練習にも耐えてやると覚悟を決めていましたが、毎日の練習が終わると全身が溶けてしまうような疲労に包まれました。凄まじいぐらいの練習を乗り越えて、予選に臨んだのです。

東京都の予選は、東西ふたつの地区に分かれて行われます。僕ら創価高校は西地区で、101校が参加していました。目指すのはもちろん、頂点です。それしかありません。

ところが、8月下旬まで野球をするはずだった僕のスケジュールは、あまりにも突然に、そして無残にも書き換えられてしまうのです。

4回戦でエースの僕が打ち込まれ、あろうことか、コールド負けを喫《きっ》してしまったのでした。

ゲームセットが迫りつつあるベンチで、僕は涙をこらえることができませんでした。

高校生活のすべてを注いできた挑戦が、ここで終わろうとしている。悲しさ、寂しさ、悔しさ、歯がゆさ、物足りなさ、申し訳なさ、自分への怒り……いくつもの感情に襲われ、心まで濡れてしまったようでした。

創価高校が姿を消した西東京地区予選では、日大三高が優勝を飾りました。春季大会で、僕らがコールド勝ちをしていたチームです。

101校の頂点に立った日大三高が、厳しい練習を裏付けにしていたのは間違いないでしょう。それにしても、わずか数か月でこんなにも劇的に立場が入れ替わるなんて。野球というスポーツの難しさを、改めて思い知らされた気がしました。

ポッカリと予定が空いてしまった高校生活最後の夏休みは、自問自答を繰り返す時間でした。

どうして勝てなかったのだろう？

何が足りなかったのだろう？

キャプテンとして、もっとできることがあったのでは？

それ以前に、エースとして、クリーンナップを任されるバッターとして、僕はチームに貢献できたのだろうか？

「努力が足りなかったのか？」と自分に問いかけると、「いや、努力はしたよ」と否定する自分がいます。すると、もうひとりの自分が「もっと努力できたんじゃないの？」と聞いてきます。僕は悩みます。そう言われてみると、まだまだできることがあったのではないだろうか。地獄を味わうような6月の特別キャンプでも、身体は壊れなかったのですから。

一生懸命やった自分は否定しない。だとすれば、単純に力が足りなかったのだろうと、僕は考えるようになっていきました。野球の能力も、努力する能力も。

広く世の中を見渡してみると、色々な種類の不満があちらこちらに漂っています。その多くは、たぶん「認められないこと」に理由があるのだと思います。一生懸命に仕事をやっているのに、成果として表れてこない。そのせいで、上司に認めてもらえない――仕事を始めたらこんな悩みにぶつかることでしょう。

敗北が教えてくれる大切なこと

でも、僕たちが生きているこの社会は、必ずしも平等ではありません。むしろ、不平等だと言ったほうがいい。

創価高校野球部には40人前後の部員がいましたが、全員がベンチに入れるわけではありません。ベンチ入りすることができても、試合に出られない選手もいる。誰もが自分なりに頑張っていても、試合に先発する人、途中から出場する人、応援する人、といった立場の違いが生まれてしまう。社会だけでなく学校生活にも、不平等なことはあるのです。

そこで、「どうして自分は認められないのか」とやる気を失ったら、さらに立場は悪くなってしまいます。そうではなくて、「この苦しい状況から抜け出すために、自分はいま何をしなければいけないのか」と考えることが大事でしょう。「どうしてだよ」とか「何でだよ」と思っている限り、アイディアや智恵は生まれません。

もちろん、甲子園出場を逃してすぐに、前向きな気持ちになることはできませんでした。テレビで観ることになった夏の甲子園は、和歌山県代表の箕島《みのしま》高校が春のセンバツに続いて優勝し、史上3校目の春夏連覇を達成しました。大観衆の前でプレーする同世代の選手たちは、あまりにも眩《まぶ》しかった。

一方の自分はと言えば……散歩中の犬に引っ張られるように、トボトボと自宅の近くを歩いているのです。周りの期待にこたえることができず、応援してくれた人たちをガッカリさせてしまっている。オレは何をやっているのだろう、オレは何てダメな人間なんだろうと、打ちひしがれていました。

甲子園の出場を逃してしまった僕が、プロ野球チームの目に留まるはずがありません。春季大会のベスト4入りでスカウトに名前を知られ、実際に試合を観に来てくれた方もいると聞きましたが、具体的な話は何ひとつ届きませんでした。

プロ野球にスカウトされなかったものの、プロ野球選手になる夢をあきらめるつもりはありません。夢に向かって動き出さなければいけない。甲子園には行けないなら、神宮からプロを目指そう。東京六大学で野球を続けよう、という新たな目標が、受験勉強に取り組む動機づけになりました。心にぽっかりとあいていた穴は、少しずつ塞《ふさ》がれていきます。

神宮球場で春と秋に行われる東京六大学のリーグ戦を、僕は練習の合間を見つけて観戦していました。高校生は金属バットを使いますが、大学野球はプロと同じ木製です。高校生が使えない手袋も、大学生は使用が認められていました。華やかで、大人びた舞台は、もちろんプロ野球へ直結しています。中学時代から大ファンの原辰徳さんも、東海大学で大活躍していました。東京六大学ではなく首都大学リーグでしたが、原さんの存在は僕にとって大きな希望でした。「大学で力をつけてプロになる」という夢に、輪郭を与えてくれていたのです。

原さんと僕は3学年違いなので、僕が大学に進学すれば1年生と4年生になります。リーグ戦が別々でも、対戦する機会があるかもしれません。それもまた、大学野球を目指す気持ちの支えになっていました。

東京六大学で野球をやるためには、当たり前ですが入試に合格しなければなりません。全国大会にも出場していない僕が、スポーツ推薦で入学できるはずもない。夏休みの後半から、受験勉強のペースを一気に上げていきました。

同級生に比べるとかなり遅いスタートですが、とにかくやるしかありません。勉強の合間に、食事と睡眠をとるような毎日です。身体がなまらないように、ランニングも日課にしていました。体力的にも精神的にもキツかったけれど、神宮球場で活躍している自分を思い描きながら、机に向かっていました。

東京六大学のなかから、僕が選んだのは明治大学でした。名物監督として知られる島岡吉郎《しまおかきちろう》さんのもとで、野球をしたいと考えたからでした。

入試の出来はまずまずでした。合格ラインには届いているだろうな、という感触を得ることができました。入試に先だって参加したセレクションでも、それなりの評価を受けています。合格発表を待つ僕はハラハラドキドキではなく、ウキウキワクワクとしながら過ごしていました。

結果は、見事に合格です。

明治大学のような強豪校は、新入学選手がスポーツ紙に掲載されます。甲子園に出ている選手と出ていない選手に分けて整理されており、甲子園に出ていない選手のリストに僕の名前がありました。

気になるのは同期生です。知っている名前を、何人も見つけることができます。優秀な選手が集まっていることが分かりました。

ようし、コイツらには負けないぞ。絶対にポジションを取ってやる。新しい種類の闘志が湧き上がってきて、いますぐにでもグラウンドに飛び出したいぐらいです。

ところが、前のめりになっている気持ちに、僕は強制的に急ブレーキをかけなければならなくなります。東京学芸大学に在学中の兄が、野球部の部長さんから伝言を預かってきたと言うのです。

「入試に合格しているから、野球をやるならぜひうちに来てほしい」

このひと言に、母が反応しました。

「英樹、どうするの？」

いやいや、そんな、どうするって、決まっているでしょ。明治大学だよ。東京六大学で野球をやるんだよ——僕には考えるまでもないことですが、母は説得の材料をどんどんと出してきます。

「小さい頃から野球ばかりやってきて、何度もケガをしたでしょう。明治へ行ってプロ野球選手になれたとしても、ケガをしたら終わりだよ。お前は身体が小さいんだしね」

ここまでは、高校進学のときにも言われたことでした。3年前は渋々ながら納得しましたが、今度はもう負けません。母の言い分を跳《は》ね返そうとしたそのとき、僕の心は大きく揺さぶられます。

「東京学芸大学へ行って先生になれば、野球だって一生できるじゃないの。部活動の指導をすればいいでしょう?」

高校卒業のタイミングは、自分の人生に折り合いをつける最初の機会かもしれません。先の見えない目標に向かってさらに突き進んでいくのか、将来を見据えて現実的な選択をするのか、ということです。

明治大学のセレクションでそれなりの反応をいただいていたものの、野球選手としての僕が即戦力となり得《う》る才能を持っていれば、そもそもセレクションを受ける必要もなく勧誘されたはずです。

同期生には甲子園の経験者がいました。上級生にももちろんいます。僕の入学から1年後、2年後に明治大学の野球部員となる選手にも、甲子園に出場した有力な才能が集まってくることでしょう。

ポジションをめぐる争いは、創価高校とは比較にならないぐらいに厳しい。そのなかで定位置をつかみ、プロ野球の球団からドラフトで指名されることが、果たして本当に可能なのかどうか。現実的に考えると、やっぱり難しいかもしれないよな

――心のなかには確かにあったけれど、無理やり奥のほうへ押し込んでいた思いが、母の言葉によって引っ張り出されたのでした。

思い悩む僕に、父もこう言いました。

「本当に野球を長く続けるなら、どっちだと思う？」

東京六大学でプロを目指しても、ドラフトにかからなければ普通に就職するしかない。けれど、学校の教員になれば子どもたちと一緒に長く野球に接していくことができる。高校の教員になれば、監督として甲子園を目指すこともできます。

3歳年上の兄の存在も、僕の考えに影響を与えていきます。東京学芸大学3年の兄は、教育実習の体験を嬉しそうに話してくれました。

「自分が何かを教えることで、子どもたちはほんの少しずつでも確実に変わっていく。成長していくんだ。その手ごたえは、たまらないものがあるよ」

野球が大好きだという気持ちは、誰にも負けないと思っていました。甲子園に出場した選手たちにだって、絶対に負けない自信がありました。

それならば、プロという舞台にこだわらなくてもいいのではないだろうか。先生という職業はとても魅力的だし、何よりも安定している。兄の話によれば、とてもやり甲斐がありそうです。どこで野球をするのかではなくどれだけ長く野球をするのかが、自分には大切なんだろうという思いが、強く、深くなっていきました。

中学卒業を目前にした15歳の僕は、東海大相模ではなく創価高校を選択しました。野球で潰れたらどうする、という両親の助言を受け入れたものでした。

高校卒業を目前にした18歳の選択は、明治大学ではなく東京学芸大学になりました。今回もまた、野球を最優先に進路を決めることはありませんでした。

人生の勝負から、僕は2打席連続で逃げ出したのです。

夢から逃げて、大学入学

1980年4月、僕は東京学芸大学へ入学しました。ジャイアンツの長嶋茂雄監督が、就任6年目のシーズンに臨んだのがこの年です。日本シリーズでは、広島東洋カープが近鉄バファローズを退けて、2年連続の日本一に輝きました。

僕はもちろん、野球部に入部しました。同期生にも上級生にも、プロを目指す選手はいません。卒業生には政治家や大学教授がいましたが、プロ野球選手はひとりもいないのですから、当然と言えば当然でしょう。大学野球という世界にいるものの、チームメイトはみな教員を目指していました。

中学、高校時代の僕は、生活の真ん中に野球がありました。勉強は二の次、三の次だったと言ってもいいくらいでしたが、東京学芸大ではそうもいきません。教員免許を取得するために、チームメイトも僕も授業を休むことなく単位を取得していきました。これまでとは正反対で、勉強の合間に野球をするような生活です。

野球部の練習は毎日ではなく、監督がいつも顔を出すわけではありません。監督がグラウンドに来ない日は、キャプテンが練習メニューを考えていました。高校時代の練習量を思い返すと、野球部というより同好会のような雰囲気を感じました。

だからといって、レベルが低かったわけではありません。文武両道で知られる学校で、キャプテンをやっていたという選手が数多くいました。甲子園に出場した実力を持ちながら、教員になるために東京学芸大を選んだ選手もいます。

僕が新入部員として加わったチームは、とくに粒ぞろいでした。その年のジャイアンツの入団テストで、最終選考の5人のうちふたりは東京学芸大の4年生だったのです。

東京学芸大は東京新大学野球連盟に所属していましたが、東京六大学野球など他の連盟との公式戦にも参加することができます。そのひとつが、全日本大学野球選手権大会です。明治、早稲田、法政などの強豪が揃う東京六大学、原辰徳さんがプレーする東海大学が牽引《けんいん》する首都大学リーグなど、全国の大学リーグの優勝校が神宮球場に集結するのです。3、4年生が引っ張る東京学芸大も、春のリーグ戦を制覇して出場権を獲得しました。

この大会に、1年生の僕が出場することになったのです。セカンドのレギュラー選手が骨折をしてしまい、代わりにスタメンに抜擢されたのでした。リーグ戦では2、3試合に代打で使われた程度ですから、他でもない僕自身もびっくりです。

対戦相手の九州産業大学は、僕の1学年上の選手がピッチャーでした。のちにドラフト1位指名を受ける選手で、九州ではすでに名前が知られていると聞きました。力のあるピッチャーと、初めて対戦する。相手の情報を持っていない僕らは、苦戦を強いられました。1番打者が三振に打ち取られ、2番打者も三振です。3番から5番のクリーンナップも、1塁へ向かって走ることなくベンチへ戻ってきました。5者連続で三振を喫していたのです。

6番バッターの僕に、打順が回ってきました。自信はありません。ボールに食らいつく一心でスイングをすると、カーンという打撃音が！　鋭いライナーはギリギリのところでキャッチされてしまいましたが、ベンチへ戻ると先輩たちから背中や肩を叩かれました。惜しかったな、というメッセージです。

守備でも存在をアピールできました。

1塁の後方とライトの前方へ上がったファウルフライの落下点へ、僕は全力疾走で突き進んでいきました。セカンドというポジションに慣れていないうえに、憧れの神宮球場でのゲームという緊張も重なって、周りの選手と声を掛け合う余裕がなかったのです。

必然と言ってもいい事故が起こりました。ライトの選手と激突してしまったのです。

このプレーで、僕は左足を痛めました。重くて鈍い痛みが、左足首から全身へ広がっていきます。それでも、「交代させてください」とは言えません。入学して間もない自分が、公式戦で使ってもらっているのです。痛みを我慢することと素直に告白することをはかりにかけて、僕は「できるところまでやる」と決めたのでした。

じっとしているだけでも、嫌な汗が流れてきます。ボールが飛んできたら、うまく処理できるかどうか……ああ、そんなときに限って。

セカンドとライトの中間地点に、フライが上がってきました。内野からも外野からも遠い、微妙な位置への打球です。

気がつくと、身体が動いていました。いまにもグラウンドへ落ちそうなボールへ、身体を精いっぱい伸ばして飛び込みます。グローブの先に引っかけるように、ボールをキャッチすることができました。中学時代のバレーボールを土台としたダイビングキャッチが、この大切な場面でチームを、僕を、救ってくれたのです。

野球部の練習時間外で授業もない空き時間に、僕は自主トレをしていました。次の授業まで1時間あれば、ウェイトトレーニングをしたりしていたのです。野球をずっと続けたい、それもできるだけ高いレベルで、という気持ちがあったからでした。いつ、どこで、実を結ぶのか分からない練習でも、続けることに意味があることを教えられたプレーでした。集中力を高めて、高めて、高めれば、人間は持っている力以上のものを出せる——このダイビングキャッチは、僕の野球人生でも最高のプレーのひとつでした。

もっとも、左足首は限界に達していました。監督に事情を説明して、僕は交代させてもらいました。

翌日に病院へ行くと、骨にヒビが入っていました。しばらくプレーができなくなってしまったのですが、チーム内では「栗山はそこまで頑張ったのか」と評価されました。自慢にはならない我慢がプラスに働くのですから、人生は分からないものです。

野球部の練習がオフの日、僕はアルバイトをしていました。

理由はふたつあります。

ひとつ目は、野球部の活動費を稼ぐためです。大学から割り当てられた年間予算は20万円ですが、リーグ戦に出場するだけで30万円から50万円が必要です。野球道具も自分たちで購入します。足りないぶんは部員がアルバイトをして、出し合っていました。

ふたつ目の理由は、僕自身のためです。

きっかけとなったのは、大学1年時の塾講師としての体験でした。僕が受け持ったのは中学3年のクラスで、生徒は10人前後です。単純に学年でクラス分けをしているので、学力のレベルはバラバラでした。

僕が重視したのは、低いレベルにいる生徒をどうやって伸ばしていくのかでした。誤解を恐れずに言えば、レベルの高い生徒は講師が深く関わらなくても大丈夫です。自分の力で前へ進んでいける。

しかし、低いレベルにいる生徒は違います。同じクラスの友だちがスラスラと問題を解いていくのに、自分は答えに辿り着けない。クラスメイトから取り残されている現実に慌て、焦りを感じ、孤立していってしまう。これでは勉強が嫌いになってしまうでしょう。

アルバイトの講師だからといって、落ちこぼれを見過ごすわけにはいきません。そもそも僕は、「落ちこぼれ」という言いかたが好きになれませんでした。勉強に対する意欲を持てていないだけで、実際には勉強のできる生徒、勉強が好きになれる生徒だっているはずです。「この生徒は分からないのだ、理解力がないのだ」と切り捨てるのではなくて、「分かるようにしてあげられるノウハウを持っていない自分がダメなのだ」というのが、僕の考えだったのです。必ず突破口はあると自分に言い聞かせて、マンツーマンで指導をしていきました。

僕の熱意にこたえてくれない生徒に対して、苛立《いらだ》ちを覚えたこともあります。けれど、いつか必ず変わってくれると信じて、辛抱強く接していきました。

10人の生徒たちと接するこのアルバイトは、彼らの高校受験までの半年ほどで終わりました。そして、僕が講師になった当初は下のほうのレベルにいた生徒も、前向きに勉強に取り組んでくれるようになりました。10人全員が志望校に合格したのです。

嬉しいというよりもホッとしました。それからしばらくすると、それまで味わったことのない充実感に身体が包まれていったのです。

こちらが根気よく、粘り強く接していけば、生徒たちはこたえてくれる。何かをやり遂げた喜びを、一緒に味わうことができる。兄が話していたとおりに、教師という職業は魅力に溢れていました。

教師になるのもいいかもしれない

塾でのアルバイトや学校での教育実習を通して、僕は教師の魅力を様々な角度から知っていきます。自分にふさわしい仕事だな、と感じるようにもなっていきました。

野球選手としての現在地を否応《いやおう》なく知らされることも、僕の心にとげのように刺さっていきます。東京学芸大は、全国的には決して強豪ではありません。練習試合の相手もトップレベルではなく、自分たちと同じくらいか少し上の実力のチームに限られます。

僕らの練習試合の相手のひとつに、東京大学がありました。東京六大学野球で、東大はかなりの確率で最下位になってしまいます。ただ、明治、早稲田、法政といった実力校には負けてしまうものの、1980年代前半の東大はそれなりの力を持っていました。リーグ戦では最下位が定位置と思われがちですが、立教や慶應を上回る4位に食い込んだこともあったのです。

その東大と、練習試合をする。でもコテンパンにやられたりするんです。学力で負けてしまうだけでなく、野球でも勝てないのか。怒りにも似た悔しさに襲われるなかで、違う現実に気づかされるのです。

オレたちがコテンパンにされる東大を、明治や法政はボコボコに叩きのめしている。そういうチームの選手が、プロ野球という舞台へ招かれていく。だからといって、全員が活躍しているわけではない。東京六大学では名前の知られた選手でも、プロでは芽が出ないこともある。

じゃあいったい、オレはどうなんだ？　東大にも勝てないチームの選手が、プロで通用するのか？　いやいや、無理だろう――プロ野球で活躍する自分なんて、イメージできるはずがありません。

東京学芸大では1年生の秋季リーグからエースとなり、ひじを壊してからは野手に転向しました。その後は打者としてそれなりの結果を残し、チームの中軸を担《にな》ってきましたが、自分が積み上げたものは本当に些細《ささい》なものでしかないのだと自覚せざるを得ませんでした。

その一方で、「プロを目指さなくていいのか？」と考える自分もいました。

教師になれば、ずっと野球を続けることはできる。それは間違いない。けれど、教員免許を取得しておけば、30歳からでも40歳からでも教師になることはできる。

プロ野球選手を目指すなら、大学卒業のタイミングしかない。ノンプロで力をつけてドラフト指名を待つとしても、25歳くらいまでか。

プロ野球選手になるための猶予は、あと数年しかない。それなのに、子どもの頃からの夢を捨ててしまっていいのだろうか。

気がつけば大学生活も3年目の秋となり、同期生は教員採用試験の勉強を進めています。僕も野球部の練習と勉強を並行《へいこう》していきますが、実際のところはどちらにも力が入っていませんでした。

そんなときでした。東海大学から読売ジャイアンツへ入団した原辰徳さんの姿が、僕の目に眩しく飛び込んできたのです。原さんはプロ1年目にセ・リーグの新人王を獲得し、2年目には阪神タイガースの掛布《かけふ》雅之《まさゆき》さんと本塁打王、打点王のタイトルを争っていたのです。プロ2年目でジャイアンツの主軸となった原さんは、大学3年の僕に瑞々しい気持ちを思い出させてくれたのでした。

チャレンジ精神旺盛《おうせい》な自分が、心のなかで囁《ささや》きます。

「おい、お前、何をやってるんだよ。何がやりたいんだよ。自分に正直になれよ。気が済むまで野球をやってみたいんだろ？　気取ってる場合じゃないだろ。このまま教員になったら、たぶん一生後悔するぞ」

心のなかの囁きは、時を追うごとに叫びのようになっていきます。教師への道に本格的に踏み出すのか、プロ野球に挑戦するのか決められないまま、4年生の進級が迫っていました。

もう一度だけ、挑戦したい

学生野球にとって春休みと呼ばれる時期は、集中的に力を伸ばすタイミングです。東京学芸大もキャンプに出掛けるのが恒例で、練習試合も多く組まれます。

僕らがキャンプ地に選んだのは静岡県袋井市で、隣の掛川市では玉川大学がキャンプをしていました。どんなに汗を流しても、練習ばかりでは成果を実感できません。僕らは玉川大学に練習試合を申し込み、彼らの待つグラウンドを訪れました。

相手側のベンチを見ると、私服姿の男性が交じっていました。『プロ野球ニュース』というテレビ番組でキャスターを務めている佐々木信也《ささきしんや》さんです。息子さんが玉川大学の野球部員だったことから、たまたま練習試合の見学に来ているとのことでした。

僕らは目をギラつかせました。ご自身もプロ野球選手だった佐々木さんの前で、何とかしていいところを見せたい。佐々木さんがいるだけで、名前さえ覚えていないグラウンドが、神宮球場のような舞台に様変わりしていたのです。

自分でも理由を説明できないのですが、こういう試合での僕はなぜかいいプレーができます。いまなら〝持っている〟ということになるのかもしれませんが、そんな自覚はありません。一心不乱にプレーしていたら、打席に立つたびに快音をとどろかせていたのです。

試合後に玉川大学のベンチへ挨拶に行った僕らは、佐々木さんに感想を聞かせていただきたいとお願いをしました。厚かましい要望だったと思いますが、佐々木さんは嫌な顔をすることもなく僕らに近づき、試合について話をしてくれました。

話がひと区切りしたところで、佐々木さんが僕に視線を向けました。

「キミなら、プロ野球でやっても面白いかもしれないね」

この瞬間に湧き上がった気持ちにふさわしい言葉は、30年以上経ったいまでも見つけられません。嬉しかったのは間違いないし、興奮したのも確かです。何よりも、それまで真っ暗闇だったプロ野球選手への道のりに、パパパパパッと灯りが点《とも》ったようでした。

春季キャンプから東京へ戻った僕は、創価高校でお世話になった稲垣監督に相談をしました。指導者として経験が豊富で、プロとアマを問わず人脈の豊富な稲垣監督なら、適切なアドバイスをしてくれると思ったからでした。

僕が期待したとおりに、稲垣監督は佐々木さんへのパイプをつないでくれました。それだけでなく、一緒に会ってくれることになったのです。

誰よりも驚いたのは、佐々木さんでしょう。大学生の僕がかけてもらったような言葉を、大人になった僕も野球少年に伝えていますので。子どもたちにアドバイスする機会があって、「面白いな」と感じる才能に出会えば、「プロ野球で待っているからね」と言います。そういう場面での僕の気持ちは、本気と期待と激励が入り混じっています。「僕の言葉が少しでもその子の成長につながったら」という思いで、握手をする右手に力を込めています。あの練習試合での褒め言葉もそういう種類のものだったと、しばらく経ってから佐々木さんに聞きました。

けれど、22歳の僕がそんな〝大人の事情〟を知るはずもありません。佐々木さんのご自宅をいきなり訪ね、「何としてもプロになりたいんです。何か方法はないでしょうか？」と相談をしたのです。

あとから考えてみれば、楽観的というか能天気というか、世間知らずというか無鉄砲というか……とにかく僕は、佐々木さんの言葉によって「オレは行けるんだ」という気持ちになっていたのです。当時の僕はそれぐらい必死だったし、恥ずかしいほどの純粋さが稲垣監督はもちろん、佐々木さんにも響いたのかなと思うのです。

客観的には無謀と見なされることでも、本人が絶対にやりたい、どうにかしたいと考えて、そのためにか細い糸でも手繰《たぐ》り寄せようとすれば、共感してくれる人は必ず現れると僕は思います。暑苦しいぐらいに真っすぐな気持ちは、必ず周りの人を動かすことができる、と。

僕の話を静かに聞いていた佐々木さんは、「それなら、テストを受けられるように働きかけてみようか」とこたえてくれました。そして、「で、栗山くんはどこの球団に入りたいの？」と逆に質問をされたのです。

プロ野球選手になれるとは考えてもいなかったので、入団を希望する球団まで絞り込んでいません。入れてくれるならどこでもいいというのが本音だったので、自宅からの距離が近いパ・リーグの西武ライオンズと、当時のセ・リーグで一番弱いと言われていたヤクルトスワローズの名前をあげました。なぜその2チームを選んだのかを聞くこともなく、佐々木さんは「分かった」と言ってくれました。

この時点で僕は、卒業後の進路をプロ野球に絞ったのです。教員免許は取得しましたが、各都道府県が実施する採用試験は受けないことにしました。

両親は大反対です。「大」がひとつでは足りないくらいに、僕に迫ってきます。

「もしプロ野球選手になれたとしても、お前の小さな身体では長続きしない。数年でプロをやめるなら、最初から教員になったほうがいい」

そのとおりだ、と僕は思いました。

「プロ野球を引退したあとはどうするのか。30歳でも40歳でも先生にはなれると英樹は言うけれど、そんな考え方は非現実的で甘すぎる」

これもまたそのとおりだ、と僕は思いました。教員の募集人数は、年度によって大きく変わります。都道府県によってもまちまちで、東京都で高校の教師になりたいと思っても、タイミングによっては募集が少ないということは十分に予想されます。

もちろん僕も、両親を安心させたいと考えていました。

教師という職業は父の希望だったのですが、それは父自身が教師になりたかったからなのです。父は早くに両親を亡くし、ふたりの妹を育てながら大学まで卒業したそうです。

少年野球の監督当時から僕に厳しかったのも、父が味わってきた苦労に比べたら小さなものに過ぎない、という思いがあったのだと思います。生きることにさえ苦しんだ父の人生からすれば、生活の不安も心配もなしに野球をしている僕の環境は大変な贅沢です。野球だけに集中できるのだからもっとできるだろう、と考えてもおかしくはありません。

父には、苦労を乗り越えてきたものの、乗り越えてもなお、あきらめざるを得なかった夢があると聞きました。教師になることです。自分が果たせなかった夢を、息子たちに投影しているところがあったのでしょう。

3学年上の兄は、東京学芸大を卒業して教師になっています。僕も教師になれば父は安心で、満足で、納得できるのでしょうが、今度ばかりは僕自身の意志を貫きたかった。僕の心には、ふたつの思いが張り付いて離れなかったのです。

自分の希望どおりに東海大相模へ入学していたら、どうなっていたのだろう?

自分の希望どおりに明治大学へ入学していたら、どうなっていたのだろう?

僕にとっての教員免許は、両親が用意してくれた人生の約束手形でした。教員になるなら大学卒業と同時が一番いいけれど、いつでも挑戦できる条件は満たしているのです。免許は持っているわけですから。

それならば、プロ野球選手に挑戦しないと後悔する。いや、勝負しないのは男としてどうなんだ？　情けなくないか？　チャレンジしないまま中途半端に生きていくことに、本当に我慢できるのか、という気持ちが僕のなかで抑《おさ》えきれなくなっていきます。父は怖かったですが、納得できない人生を送ることはできなかった。

プロ野球チームのテストを受けるにあたって、僕には幸運がありました。たとえば、東京六大学野球でプレーしてきた選手は、テストを受けてまでプロになろうとは思わないそうです。「思えない」と言ったほうがいいでしょうか。

自分と同じチームに、プロ野球チームにドラフトで指名される選手がいて、ノンプロと呼ばれる社会人のチームへ進む選手がいて、第一線から退く選手がいるのです。「このレベルの選手はプロで、このレベルは社会人で、それより下は草野球だな」といった現実を、大学1年から目《ま》の当たりにしていくのです。現実的な考え方になるのは、避けがたいものがあるでしょう。東京六大学野球でプレーしているけれど、ドラフトにはかからないという僕に似た立場の選手は、テストを受けようというモチベーションさえ湧き上がらないそうです。

現実を見極めるのは、僕も必要なことだと思います。ただ、高校、大学と石橋を叩いて渡るような選択をしてきた僕は、今度こそ可能性を追い求めたい、そうしなければいままで野球をやってきた意味がない、と考えていました。現実を客観的に見て最初からあきらめるのではなく、チャレンジしないと意味がなかったのです。大切なのは結果ではなく、プロ野球という壁にぶつかることで、自分以外の誰かに「栗山はプロにはなれない」と宣告されたかった。自分でダメだと決めつけるのではなく、挑戦して、ダメならダメと判定してもらいたかったのです。

粉砕《ふんさい》上等、玉砕《ぎょくさい》覚悟です。周囲からも「100パーセント無理だろうなあ」と言われました。ひとりやふたりではなく、何人に言われたことか。でも、僕は自分を信じていました。0・0001パーセントでも可能性があるなら、チャレンジしなければ後悔すると。もし玉砕しても、自分の気持ちにけりがつくと。

だから、テストを控えた僕の気持ちは喜びに満ちていました。

人生で一番不安に感じるのは、進むべき道が見えないことです。プロテストという道へ向かって努力すればいいと分かっただけでも、大学4年生の僕には嬉しくて、有り難かったのです。

目標が決まったら、全力で準備をします。僕がプロテストを受けられるのは、稲垣監督や佐々木さんの力添《ちからぞ》えがあったからです。プロテストの当日は、僕のためにバッティングピッチャーをしたり、守備をしたり、グラウンドを整備したりしてくれる方々がいます。名前も顔も知られていない無名な僕のために、プロになれるかどうかも分からない僕のために、たくさんの大人たちが時間を割いてくれるのです。中途半端な気持ちで、テストに臨めるはずがありません。皆さんに「協力して良かった」と思ってもらえるように、最高の準備をするのは当然のことです。自分のプレーで感謝の気持ちを伝えるために、バッティングで打ち損じても、守備でエラーをしても、テストが終わるまでは全力でプレーすることを心に誓いました。

最初に西武のテストを受けました。2軍の選手と一緒に練習をして、そのなかで僕の実力を判断するとのことでした。自分の力を出し尽くそうと思って臨みましたが、心のどこかで減点を恐れていたのかもしれません。打撃も、守備も、走塁もそつなくこなしましたが、加点もないようなプレーです。

案の定というべきか、芳《かんば》しい返事はもらえませんでした。「ドラフトで誰を指名できるのかにもよるけれど、ひょっとしたら下位で指名するかもしれない」と言われましたが、自分が興味を持たれていないことは伝わってきました。

数日後、今度はヤクルトのテストです。こちらも2軍の選手に交じって練習をするというものでした。

西武のテストを反省材料として、とにかく思いきりプレーすることを心がけました。

そのおかげか、強い気持ちが身体を動かしてくれ、自分らしさを出し切ることができたのです。

すべての練習が終わると、スカウトの方から「もう一日、来てみなさい」と告げられました。

これまで多くの才能を見分けてきたプロ野球チームのスカウトマンなら、プロでやっていけない選手にそんなことを言うはずはない。可能性があるから追試を許されたのだ、と僕は受け止めました。

翌日のテストも、感触は悪くありませんでした。

よしっ、これならイケるはずだ。僕の口もとには、笑みがこぼれていたかもしれません。ところが、スカウトの方の表情は厳しいのです。何となく温度差を感じていたところで、スカウトの方が言いました。

「せっかく教員資格を持っているのだから、地道に生きたほうがいいんじゃないかな」

目の前の景色が、一瞬にして暗転したような気がしました。プロになれると勝手に思い込んでいたのですから……。身体がズブズブと沈んでいくような感覚に襲われました。

けれど、すっきりとした気持ちが湧き上がってきたのも確かでした。自分にできることはすべてやった。それでダメならしかたがない。野球から逃げずに勝負できたという充実感は、教員を目指す気持ちを固めてくれたのです。

自分の人生のルートから、僕は「プロ野球選手」を塗り潰しました。

奇跡が起きて、プロの世界へ

その年のドラフト会議は、東京学芸大の学園祭と重なっていました。自分が指名されないと分かっていても、会議の様子は気になります。大学生活最後の学園祭、その最終日だというのに、僕は自宅でラジオを聞いていました。対戦したことのある選手、名前を知っている選手のドラフト指名を知ると、何となく息苦しさを覚えました。ドラフト会議のラジオ放送が終わると、僕は「ふうう」と長いため息を吐き出しました。

プロを目指して野球を真剣にやるのは、もう本当にこれで終わりだ。明日からはのんびりと、野球を楽しんでいこう。そう思っていると、自宅の電話が鳴りました。「地道に生きたほうがいいんじゃないかな」と僕を諭《さと》したあの声が、受話器を通して聞こえてきます。ヤクルトからでした。

「本気でやる気があるのなら、ウチのチームで面倒を見よう」

ええっ、まさかっ、そんなっ、ホントですかっ！　年上の方にはきちんとした言葉づかいで話すように、と父から厳しく教えられてきた僕ですが、このときばかりは受け答えが乱れてしまいました。ドラフト外ということですが、プロになれることに変わりはありません。頭のなかでクラッカーが弾《はじ》け飛んだような、爆発しそうな喜びが身体を駆けめぐっていきました。

気持ちはすでにプロ野球選手ですが、越えなければならないハードルがひとつだけありました。両親を説得しなければなりません。

父は意外なほどにあっさりと、「英樹の人生だから」と理解してくれました。けれど、母は頑《かたく》なまでに反対します。これまで何度も聞かされてきた「お前は身体が小さいんだから、ケガをしたら終わりなんだから」と言って譲《ゆず》りません。大学でもひじを壊してピッチャーを続けることをあきらめ、それだけでなく1年もボールを握ることができなかったことも、母を否定的にさせているようです。

高校や大学の進路では、両親の意見を汲み取りました。しかし、今回はプロからの誘いです。ずっと温めてきた夢を、つかみとることができる。かつて長嶋さんや王さんが子どもたちに夢を与え、いまは原さんがファンを熱狂させている舞台に、自分も立つことができる。断ったら絶対に後悔する。母が納得しそうな条件を、僕は提案しました。

「大学受験で浪人をしたと思って、3年間だけ僕の好きなようにやらせてほしい。それでダメだったら、必ず学校の先生になるから」

母の凝り固まった思いを、この提案は解《ほぐ》す効果がありました。渋々ではありましたが、「それなら」と母も納得してくれたのです。おそらくは、3年やっても芽が出ないと考えたのでしょう。

僕の気持ちは違います。ドラフト1位で入団しても、1軍へ上がれずに引退した選手が過去にいます。その一方で、僕のようにテスト生からレギュラーになった選手もいます。誰も通ったことのない道ではないのだから、自分にだってできるはずだ、自分次第で道を切り開けると、僕は意気込んでいました。心のなかにはすでに、レギュラーとして活躍している自分がいました。

これが、とんでもない思い違いでした。1984年1月にチームの合同自主トレが始まると、僕はすぐさま絶望に打ちひしがれることになるのです。

第3章

夢がかなった、それは地獄の始まりだった

ヤクルトスワローズに入団

1984年にヤクルトスワローズに入団した新人選手は、僕を含めて7人いました。そのなかには、東海大学のエースとして4球団から1位指名を受け、入団1年目にいきなり開幕投手を任される高野光《たかのひかる》がいました。彼に続くドラフト2位指名は、市立尼崎高卒の池山隆寛《いけやまたかひろ》です。ふたりともヤクルトを代表する選手として、1年目から力強く羽ばたいていきます。

学生時代から将来を嘱望されてきた彼らとは対照的に、僕はそれまでひとりもプロを輩出したことのない東京学芸大の出身で、個人的にもこれといった実績を残していません。入団1年目のルーキーでも実力的には最下位で、つまりはチームでもっとも後方からのスタートになる、ということは覚悟していました。

それでも、心のなかでは熱いものがたぎっています。合同自主トレに集まっているのは、全員が自分と同じ人間だ。ここにスーパーマンはいない。誰よりも練習に打ち込めば、同じレベルに到達できる。追い越すことだって不可能じゃないと、僕は考えていました。

ささやかな根拠もありました。テスト生という立場で参加した2軍の練習は、僕にとって驚くほどのレベルではなかったのです。すぐに1軍でプレーするのは難しいとしても、2軍ならそれなりにできそうだな、と心ひそかに感じていました。

ところが、即戦力として期待されるドラフトの上位入団選手への対抗意識も、自分の実力へのうっすらとした自信も、長くは続きませんでした。はっきり言えば合同自主トレの初日で、あとかたもなく打ち砕かれます。

僕を除く選手たちは、プレーのすべてが速く、力強く、正確なのです。これは自分が上回っているとか、これはプロでも勝負できるという要素が、僕には何ひとつ見当たりません。野球の基礎となるキャッチボールさえも、レベルの違いを感じさせられました。

ルーキーの池山のバッティングには、大げさではなく言葉を失いました。鋭いライナー性の当たりを、フェンスの向こう側へ軽々と打ち込んでいくのです。

僕は同期生の高野を「ヒカル」と、年下の池山を「イケ」と呼んでいました。けれど、心の距離はとてつもなく遠かった。彼らに対して恐れさえ感じていました。

合同自主トレには、1軍の主力選手は参加していません。プロの舞台で活躍しているのは、もっともっとすごい選手なのです。

厳しい競争が待ち受けているのは、もちろん予想していました。それにしても、競争に挑《いど》むための自分なりの武器が、まったく役に立たないという現実は僕の予想をはるかに超えています。焦り、苛立ち、戸惑い、憂鬱といった感情が、まとめて襲いかかってきました。

プロ野球は才能の世界です。持っているものの違いが、はっきりと表れます。強がりや理想だけでは、生き抜いていけません。

たとえば、池山に「どうしてあんなにボールを飛ばせるの?」と聞いても、たぶん彼は困ってしまうでしょう。歌がうまい人に「どうしてうまいの?」と聞くようなもので、それはもう「才能」なのです。

1日、2日と練習を重ねるにつれて、正確に言えばひとつひとつの練習メニューを消化していくたびに、僕は恐怖を覚えるようになっていきました。時間は確実に過ぎていき、練習は終わりに近づいていくのに、まるで時間が足踏みでもしているように長く感じられました。

たとえば、セカンドの守備位置でノックを受け、ボールを捕球してセカンドベースに入ったショートへスローイングする。1塁にランナーがいる局面で、ダブルプレーを取る基本的なプレーです。小学生当時の僕でも、難なくこなすことができます。それなのに、ボールを投げる身体に力が入り過ぎて、きちんと送球できません。ワンバウンドになったり、とんでもない方向へ悪送球をしたり……。

物心がついてからそれまで、僕は何でもそれなりにこなすことができていました。子どもの頃から足は速かったので、鬼ごっこをしても簡単には捕まりません。ドッジボールでも、縄跳びでも、メンコでも、友だちに負けてばかりではなかったと思います。恥ずかしくないくらいに、楽しむことができていました。スポーツでも、遊びでも、勉強でも、人並みにできていました。

初めての挫折

言葉を換えてみれば、それまでの僕は「挫折」を味わったことがなかったのかもしれません。思いどおりに進まないことはありましたが、しばらく時間が経てば笑って振り返ることができたり、「まあ、いいかな」と思えたりできていた気がします。

今回ばかりは、そうもいきません。サラリーマンになぞらえれば、コピーもできないような新入社員といった感じでしょうか。周りの選手たちが普通にできていることが、僕ひとりだけできないのです。「自分は落ちこぼれだ。この場所にいちゃいけない人間なんだ」という思いが、あっという間に胸に焼き付いていきました。何をするにも自信がなくて、怖くて、不安なのです。

これが学校なら、「勉強はできないけど面白いヤツだよね」とか、「意地悪をすることもあるけど、実はけっこう優しいよね」とか、友だち同士で何かしら評価し合えるところがあると思います。

でも、僕がイメージするプロ野球は違いました。野球がヘタな選手は、何も評価されない。ここでは誰にも相手にしてもらえない、という疎外感が拭《ぬぐ》えません。

プロ野球選手としての自分に失格の烙印《らくいん》を押されているのに、周りからは「すごいな、頑張ってな」と言われる。それがまた、僕には辛かった。自主トレは1月ですから、僕はまだ大学4年です。ときには学校へ行くこともあるのですが、友だちは盛り上がっているわけです。「東京学芸大の歴史で、初めてのプロ野球選手だ」と騒がれて、「有名になったときに知り合いに自慢するから」と、写真を一緒に撮られたり、サインをさせられたり。友だちに悪気がないのは分かるので、なおさら気持ちを持っていく場所がないというか……。

2月になって春季キャンプが始まると、いよいよ僕は限界まで追い詰められていきます。ついにはキャッチボールさえも、まともにできなくなってしまいました。相手の胸元にきちんと投げなければいけない。少しでもズレたら迷惑がかかるし、恥ずかしい思いをしてしまう。焦る気持ちが全身を縛《しば》りつけ、ボールを投げることができなくなってしまったのです。

精神的なものが原因でスポーツの動作に支障を及ぼし、思いどおりのプレーができなくなる「イップス」という運動障害に陥ったのでした。

プロ野球は厳しい競争社会です。グラウンドで精いっぱい練習するだけでなく、チームメイトの知らないところでひとりで練習する選手は数多くいます。とくに2軍の選手は必死です。1軍に上がれないまま3年、4年と時間が経てば、球団側は「この選手は戦力になるのか？」と考えます。「今年こそは1軍で活躍する」というギラギラとした気持ちは、チームメイトを蹴落としてでも這《は》い上がっていくような空気を生み出します。周りにいる選手はライバルですから、アドバイスをするようなことは稀《まれ》です。

例外的な存在が僕でした。監督やコーチから「クリ」と呼ばれていた僕は、誰にとってもライバルではなかったのでしょう。監督やコーチだけでなくチームメイトからも、僕はアドバイスを受けていました。

チームメイトの心づかいは、とても有り難かったです。それでも、野球への情熱はどんどんと萎んでいくのです。野球を嫌いになったわけではなくて、プロ野球選手になった自分が腹立たしかった。あきらめとグチがセットになったような日々です。

小学生の頃から憧れていたプロの世界に入ることができたのに、プロ1年目のシーズンが開幕もしていないのに、僕は逃げ出したくなっていました。お世話になった方々に迷惑がかからないようにやめるとしたら、どんな方法があるだろう？　そんなことを本気で考えていました。

春季キャンプ中は合宿所の3階で寝泊まりをしています。もしここから落ちちゃったら、明日から練習はできなくなるな。交通事故でケガをしたら、周りの人たちも納得してくれるかな……夜になるとそんなことばかり考え、部屋に朝日が射《さ》しこむと憂鬱な気分を抱えて練習へ行く。そしてまた、絶望的なまでに打ちひしがれて部屋に戻り、みんなが食べ終わるタイミングを見計らってトボトボと食堂へ足を運んで、誰もいない時間に風呂場で汗を流す。いつしか、チームメイトとはできるだけ交わらないようになっていました。

シーズンが開幕すると、2軍でも試合が行われます。イースタンリーグと呼ばれる2軍の試合は、実戦で経験を積む機会です。僕も使われることがありました。

野球選手ならば、弾《はじ》かれたようにグラウンドへ飛び出していくはずです。それなのに、僕の足取りはひどく重いのです。一部のチームメイトから「アイツが出たら勝てない」という不満の声があがり、ピッチャーからは「クリが守っているときに投げたくない」と言われていたからでした。それも事実として認めるしかないので、反論する勇気を持てません。相手側のベンチから飛んでくる「それでもプロか！」といったヤジも、気になってしかたがありませんでした。自分がどこへ向かっているのか分からないような日々のなかで、僕はプロ1年目を過ごしたのです。

木々の緑も、空の青も、僕の目には入ってきません。すべてが灰色か黒にしか見えません。希望という名の蠟燭《ろうそく》は、いまにも火が消えかかっていました。

そんなときでした。2軍の内藤博文《ないとうひろふみ》監督が、「おい、クリ」と声をかけてくれたのです。内藤監督はジャイアンツが初めて開いたプロテストで、第1号の合格者になった経歴を持っています。入団3年目から1軍で出場するようになり、レギュラーポジションもつかんだそうです。

テスト生からプロ入りしたという共通点があるので、内藤監督は僕の悩みや苦しみが想像できたのかもしれません。チーム全体の練習が終わると、バットを握りながら「おい、クリ」と近づいてきます。マンツーマンでの守備練習の始まりです。

内藤監督の猛特訓で生き返る

プロ野球のチームには、毎年8人くらいの選手が入団します。プロのスカウトの目に留まるほどですから、潜在能力の高い選手ばかりです。それでも、1軍でバリバリ活躍できる選手が2、3人出たら、その年は豊作だったと言われる世界です。

チーム側からすれば、ドラフトで上位指名した選手からしっかり育てていくわけで、ドラフト外のテスト生で入団し、入団早々から落ちこぼれている僕を気にかける余裕はありません。

それなのに、内藤監督は僕を居残りで鍛えてくれるのです。その場で泣いたことは一度もありませんが、涙が出るくらいに嬉しかった。将来を有望視される選手を差し置いて、ヘタクソな僕の相手をしてくれるのですから。ひとりきりになるとウジウジとしていたけれど、グラウンドでは投げやりにはならなかった僕の姿勢が、内藤監督の心に届いたのかな、と思いました。「捨てる神あれば拾う神あり」という言葉が、頭のなかに浮かんできます。くよくよしないで頑張るんだ！　と、自分を奮い立たせていきました。

そうは言っても、すぐにうまくなるわけではありません。僕の居残り練習に付き合うには、とんでもない根気が必要だったはずです。内藤監督の期待にこたえられていないことが、僕には歯がゆくてしかたがありません。

ノックを受けていても、打撃練習でも、気がつかないうちにため息をこぼしたり、「なんでだ！」と怒りを表したりしていたのかもしれません。練習を終えて後片付けをしていると、内藤監督が言ったのです。

「なあクリ、プロ野球っていうのは競争社会だよな。1軍に上がらないと認められないよな。でも、オレはそんなことはどうでもいいんだよ。お前が人間としてどれだけ大きくなれるかどうかのほうが、オレにはよっぽど大事なんだ。だから、周りがどう思おうと関係ない。明日の練習で今日よりほんのちょっとでもうまくなっていてくれたら、オレはそれで満足なんだよ。他の選手と自分を比べるな」

内藤監督のひと言ひと言が、身体のなかにゆっくりと染み込んでいきました。そして、やる気と絶望の間で揺れ動いていた僕の気持ちは、しっかりと定まったのです。

自分より上のレベルの選手と比べるから、自分にダメ出しばかりしてしまうんだ。そうではなくて、昨日の自分と今日の自分を比べればいいんだ。

昨日のバッティング練習では、ヒット性の当たりが30本のうち10本だった。それが今日は、12本になった。たった2本だけど、昨日の自分を越えたのは間違いない。ささやかな成長を認めれば、野球が辛くなることはない。楽しくプレーできる。

気持ちが前向きになると、それまで忘れていたことを思い出し、新しい気づきがありました。チームが勝つためには選手ひとりひとりに役割があり、そのなかには僕だからできることがきっとある。それは、少年野球をやっていた当時に学んだことでした。

ヤクルトスワローズというチームで僕にしかできないことは何なのか、2軍で悪戦苦闘しているいまはまだ分かりません。けれど、2軍で一番ヘタクソなわけですから、僕がいまいる場所はチームで一番下です。これ以上、状況が悪くなることはない。ここから先は上がっていくだけだ、という気持ちになっていきました。

自分と向き合うことに集中すると、マイナスの感情がきれいに抜け落ちていきました。「チームメイトに迷惑をかけちゃいけない」というプレッシャーや、「どうせオレはダメなんだ」という負け犬根性に、縛られることはもうありません。

自分が少しでもうまくなれば、内藤監督が喜んでくれる。そう考えると、内藤監督との居残り練習ではないところでも、野球にどんどん打ち込めるようになりました。「どうしたらうまくなれるだろう」という疑問から出発して、自分なりに工夫をしていくようになりました。

2軍の試合でベンチに入っているときは、バットなどの用具を率先して片付け、チームメイトに声援を送ります。それは、いまの僕がやらなければいけない大切な仕事の一部でした。片付けや声出しは以前からやっていましたが、もっと積極的に、もっと意欲的に取り組むようにしました。

試合で使われるときも、周りの目は気にならなくなりました。内藤監督との居残りの練習で、ひたむきに磨いてきたことを出すだけです。ボールの行方だけに集中しているので、野球勘のようなものが甦《よみがえ》ってきます。自分にできるプレーを、グラウンドで発揮できるようになっていきました。

僕にとって幸運だったのは、この年の2軍にはピッチャーが多く、野手が少なかったことです。僕もショートとセカンドで起用され、イースタンリーグ全80試合のうち70試合に出場することができました。そして、打率ではイースタンの1位になっていました。

「嫌なことがあるときや、苦しいときこそ、実は自分が変われるチャンスなんだ！苦しまないと智恵も生まれないんだ！」という思いとともに、僕は少しずつ、本当に少しずつですが、プロとしての実力をつけていったのです。

僕を再び立ち上がらせてくれた言葉

居残り練習で僕を鍛えてくれた内藤監督は、いつもこんなひと言で僕のやる気を刺激《しげき》してくれていました。

「クリ、一度でいいから1軍に行ってみようや。1軍はいいところだぞ」

その内藤監督が、僕に言ったのです。

「クリ、最後の2試合は1軍に行け」

1984年のセ・リーグで、ヤクルトは優勝を逃していました。順位も5位に決定しており、チームにとっては消化試合です。2軍で頑張った1年目の選手に、ごほうびをあげようという温情が働いたのかもしれません。1軍には少ない俊足の選手を、試してみようということだったのかもしれません。

理由が何であれ、1軍に昇格する事実に変わりありません。喜びが波のように押し寄せてきます。僕は両膝につくほどの勢いで頭を下げ、「ありがとうございます！」と大声でお礼を言いました。

チームごとの試合消化数の関係で、1軍のゲームまでには数日の間がありました。早く試合をしたいという胸の高鳴りがあり、「大丈夫だろうか」という不安を覚えつつ、「雨が降って延期になるのもいいかな」などと思ったり……。気持ちがあちこちに動きっぱなしで、まるで落ち着きません。

試合は神宮球場で行われました。ヤクルトの本拠地は大学野球の聖地でもありますから、何度も訪れたことがありますし、アマチュア時代には実際にプレーしたこともあります。

それなのに、まるで初めて足を踏み入れたかのような驚きがありました。ナイター照明が降り注ぐグラウンドは、眩しいくらいに輝いています。消化試合とはいえ、スタンドはお客さんで埋まっていきます。イースタンリーグでは数人しかいない記者も、1軍では何十人といます。何よりも、ヤクルトのユニフォームを着て神宮に入るのは、この日が初めてでした。

対戦相手は横浜大洋ホエールズでした。試合の展開は、正直なところよく覚えていません。それぐらい緊張していたのです。時間の経過とともに冷静になるのでは、と自分に期待していたのですが、むしろ終盤になるほど身体がしびれるような硬さに包まれていきました。僕に出番があるとしたら試合の終盤の守備要員か代走の可能性が濃厚です。

1軍の土橋正幸《どばしまさゆき》監督から、「クリ、行くぞ」と声がかかったのは9回表でした。最終回の守備要員です。思わず頭に血が上り、耳が熱くなりました。

僕のポジションはショートです。サードは池山でした。僕よりずっと早く1軍に昇格した彼は、落ち着きはらった様子で守備位置についています。セカンドは助っ人外国人のボビー・マルカーノ、ファーストはプロ14年目の渡辺進《わたなべすすむ》さんです。ここは紛れもなく1軍のゲームなんだ、という実感が湧き上がってきました。

唇はカサカサで、口の中は乾き切っています。身体中の水分が、失われていくようでした。両足は地面に着いているのに、高いハシゴの上で揺られているようです。緊張と興奮が入り混じっているなかで、僕のところへ打球が飛んできました。

プロ野球選手として初めてのプレーです。ずっと忘れられないシーンとなってもおかしくないのに、ここから先の記憶は抜け落ちています。1塁の塁審の「アウト！」という声が聞こえてきたので、ボールを処理したことだけは確かでした。

翌日は横浜スタジアムへ舞台を移し、同じくホエールズと対戦しました。前日よりはほんの少しだけ余裕がありましたが、ベンチにいるだけでソワソワとしてしまいます。1軍のゲームにはグラウンドボーイと呼ばれるスタッフがいて、選手のバットを片付けたりしてくれます。2軍でやっていた仕事が1軍にないことも、何となく落ち着かなかった理由かもしれません。

この試合では代打で起用されました。結果はショートフライです。プロ初ヒットは、2年目以降に持ち越されました。

2軍の内藤監督が話してくれていたように、「1軍はいいところ」でした。眩しく輝いていて、最高に気持ちのいい舞台でした。そこでプレーする選手たちも、キラキラと輝いていました。ユニフォームの白い部分は本当に真っ白で、赤や青は照明を浴びて鮮やかさを増すのです。2軍とは何もかもが違いました。

次はもっと長く守りたい。もっと多く打席に立ちたい。1試合を通してプレーしたい。少年時代から抱いていた変わらない欲求が身体のなかで膨《ふく》らみつつも、まったく違うことを考えている自分がいました。

プロの1軍は、プロのなかのプロが活躍する場所なのだ。ここから先の階段は、2軍から1軍への階段よりもっと険しい。1軍はいいところだけれど、とんでもなく厳しいところだ。自分はまだまだ、胸を張って「プロ野球選手」と言える立場ではないんだぞ——強烈なパンチを食らって目が覚めたかのように、僕の向上心はさらに燃えていきました。

燃えるスイッチヒッター

シーズンオフの秋季キャンプで、僕は1軍の選手たちと一緒に汗を流していきます。昼間はグラウンドで、夜は宿舎近くのスペースで練習づけの日々です。

このキャンプで僕は、内野手から外野手へのコンバート（ポジションの転向）を首脳陣から告げられていました。大学生までピッチャーで、ひじをケガしてからはショートかセカンドが定位置だったので、外野手はほとんどやったことがありません。それでも、足の速さには自信がありましたし、「1軍に定着するためなら、何でもやってやる」という気持ちが強かったので、躊躇《ちゅうちょ》なく転向することにしました。

打者としても大きな転機を迎えます。

若手の指導に当たってくれた若松勉《わかまつつとむ》さんと、スポンジのボールを使った練習をしているときでした。セ・リーグの首位打者に二度輝き、入団からほぼすべてのシーズンで3割以上の打撃成績を収めてきた大打者の若松さんが、「クリ、お前、トシはいくつだ?」と聞くんです。大卒1年目なので「23歳です」と答えると、若松さんは残念そうに「そうか、惜しいなあ。あと3年若かったらなあ」と呟《つぶや》いたのです。

何が惜しいのか、僕にはさっぱり分かりません。プロ野球の大先輩ですが、僕は思わず「えっ、どういう意味ですか?」と聞きました。若松さんは話題を終わらせるように、間を置かずに言いました。

「あと3歳若ければ、スイッチヒッターの可能性があったかもしれないんだけどな」

スイッチヒッターとは、左右両方で打席に立つことです。そのメリットは色々とありますが、足の速さを生かせることが僕には一番の魅力として映りました。

左打席と右打席では、1塁までの距離が違います。ほんのわずかではありますが、左打席のほうが1塁に近い。右打席ではアウトになった内野ゴロが、左打席なら内野安打になることがあります。右打者の自分がスイッチヒッターになれば、これまで以上に足を生かした野球ができる、と僕は思い至りました。

しかし、若松さんは渋い表情を浮かべています。

「いや、クリ、バッティングフォームが固まっていると、スイッチヒッターに転向するのは難しいんだ。残念だけど、もう遅いな」

一般的な常識で考えたら、「もう遅い」のでしょう。プロ野球の最前線で活躍している若松さんがそう言うのですから、間違いありません。そう思いながらも、納得できていない自分がいます。挑戦もしないであきらめたら後悔する、と直感しました。挑戦することのプラスとマイナスを計算する以前に、僕の本能が「迷うな、やれ！」と叫んでいました。

たぶんそれは、僕が考えるカッコ良さなのです。ちょっと難しい言葉を使えば、僕なりの価値観、譲れないところなのです。周りの人たちが「無理だ」とか「無謀だ」とか「時間の無駄だ」と考えても、僕は全然へコみません。苦しくてもしんどくても、自分がなりたいものがあるなら頑張らないと！「もっと現実的な方法を探そう」などと大人ぶって考えずに、20歳でも23歳でもやってみたらいい。それが、僕の考えるカッコ良さなのです。

高校進学と大学進学は、親の意見を尊重して学校を選びました。ただ、「親の勧《すす》めを自分を納得させる材料にして、野球で勝負することから逃げたんじゃないか」という気持ちは心の片隅に残りました。その思いが、プロ野球チームのテストを受けることにつながりました。挑戦しなかったことも、挑戦したこともあるから、その時々でどういう気持ちになるのかが僕には分かります。

23歳からのスイッチヒッター転向は、無謀なことなのかもしれない。逃げ出したくなるぐらいの練習が待っているだろうし、ひょっとしたらモノにならないかもしれない。

でもな、と僕は思うのです。

これは大変だな、難しいな、と思うことで、世の中は溢れている。そんなことばかりです。僕がプロになることだって、普通に考えたら難しいことでした。それでも僕はヤクルトの一員となり、1軍の選手に交じって秋季キャンプに参加している。

難しいことを難しいと言ったら、何もできないじゃないか。簡単なことだったら努力なんて必要ないし、難しいことにぶつかった場面でこそ、人間は一番パワーを発揮する、と僕は考えています。最終的にはもっとシンプルに、「この小さな身体でプロの世界で勝負するための武器が、僕の場合はスイッチヒッターなんだ！」との結論に行き着きました。外野手の練習をゼロからやっているんだから、バッティングもゼロからでいいだろう、という気持ちもありました。

翌日の練習で、僕は若松さんにお願いをしました。

「死にもの狂いでやりますから、左の打ち方を教えてください」

もう遅いと伝えたのにやりたいと言ってきたところに、若松さんは僕の決意を読み取ってくれたのかもしれません。しばらく考えた末に、僕の目を見つめて言いました。

「無理かもしれないぞ。でも、やってみるか」

若松さんはコーチ役を引き受けてくれ、土橋監督にも説明をしてくれました。

「若松に向いていると見えるなら、やってみろ」と、監督は許可してくれたそうです。

やると決めたら、1秒でも無駄にできません。その日から特訓のスタートです。若松さんに付きっきりで指導を受けながら、とにかくバットを振って、振って、振りまくりました。手のひらにマメができ、マメが潰れて血だらけになっても、練習量を減らすことはできません。2年目のシーズンをスイッチヒッターとしてスタートするためには、左で打つ感覚を秋季キャンプでつかんでおくのは必須です。痛みでバットを握れなければ、バットと手をテーピングでグルグル巻きに固定して練習を続けました。ご飯を食べるときのハシも、左手で使うようにしました。

プロ2年目のスタートとなる春季キャンプでも、若松さんは付きっきりで指導をしてくれました。ご自身の調整をしつつ、僕のために貴重な時間を割いてくれたのです。

若松さんはなぜ、そこまで僕を気にかけてくれたのでしょう? ご本人に聞いたことはありませんが、少なくとも僕にやる気が見えなかったり、途中でやる気を失ったりしたら、マンツーマンの指導は終わっていたに違いありません。僕の熱意が若松さんを動かしたところも、0パーセントではなかったと思います。

スイッチヒッターへのチャレンジは、プロの世界で自分が生き抜くためでした。それと同時に、僕のような平凡な選手に手を差し伸べてくれている若松さんに、少しでも喜んでもらいたいという気持ちも動機づけになっていました。自分のためだけでは挫けてしまいそうなことでも、自分以外の人のためになると思えば頑張れます。僕が頑張ることで、その人もさらに僕を助けてくれる。「あんなに一生懸命だと、ヘタクソでも放っておけないな」と思ってくれます。2軍で僕を鍛えてくれた内藤監督も、若松さんも、きっとそんな気持ちで僕に接してくれたのでしょう。

春季キャンプが終わると、オープン戦が始まります。開幕1軍を賭けた生存競争が、本格的にスタートします。

若松さんのように圧倒的な実績を持つ選手は、自分のペースで仕上げていけばいいのですが、僕は1軍と2軍のボーダーライン上の選手です。1試合、1試合がアピールの場所です。スイッチヒッターも外野の守備も勉強中で、実際はボーダーラインより後方でしたから、なおさら結果を出さなければいけません。しかし、そんなにうまくいくはずもなく、プロ1年目に続いてシーズン開幕を2軍で迎えました。

悔しかったです。スイッチヒッター転向1年目で、まだまだ左打ちがモノになっていない自覚はあっても、やっぱり悔しいんです。

だからといって、悪いことばかりではありません。むしろ、僕には理想的と言ってもいい環境でした。2軍の丸山完二《まるやまかんじ》コーチが、僕にこう話してくれたのです。

「スイッチヒッターでやっていくなら、心おきなく左で打て」

チームの勝利よりも自分のレベルアップを優先していいぞ、という意味でした。

プロ野球選手として考えれば、開幕1軍を逃したのはマイナスと受け止められるかもしれません。しかし、開幕1軍に名を連ねたところで、試合に出られなければスイッチヒッターとしての技術は向上しません。実戦で学べるという意味では、このタイミングの僕には2軍のほうが良かったのです。

目の前で起こることには、プラスもマイナスもないと僕は思います。中学時代にバレーボールをあきらめたときや、高校や大学でケガをしたときと同じように、与えられた環境をどうやってプラスへ持っていくか。このときの僕は、2軍にいることに落ち込むこともなく、自分の力をつけることにのみ集中していました。

好事魔《ま》多し、ということわざがあります。良いことにはとかく妨害が入りやすいという意味ですが、左打ちの習得にパワーを注ぎ込んでいた5月に、小さな事件がありました。

その日はイースタンリーグのゲームがあり、ゲームは最終回を迎えていました。僕はセンターの守備位置につき、外野手同士でキャッチボールをしていると、いきなり目の前がグルグルと回り始めたのです。ボールが二重にも三重にも見えて、足元が左右にグラグラと揺れる。すぐに吐き気にも見舞われました。

プロ2年目でスイッチヒッター見習い中、さらに言えば外野手も見習い中の立場で、自分から交代させてくださいとは言えません。足元はずっとフラフラで、嫌な汗が噴き出てくるのを我慢しながら、僕はそのままセンターのポジションについていました。

不幸中の幸いと言うべきか、僕のところへボールは飛んできませんでした。それでも、試合は終わりません。ヒット1本と連続フォアボールで、満塁になっています。

次のバッターの打球がセンターへ飛んできても、目まいが止まらない僕には処理できません。チームに迷惑をかけたくないので我慢していましたが、守り続けることがチームを敗戦へ導きかねないと考え、僕は交代させてもらうためにベンチへ向かいました。ところが、いつものようにダッシュすることも、真っすぐに進むこともできません。ベンチへも辿り着けずに、途中で倒れ込んでしまいました。

倒れるようにベンチへ身体を預け、目を閉じてゆっくりと呼吸を整えても、身体が揺れているように感じられます。5月のデーゲームで、風邪《かぜ》をこじらせているわけでもないのに、背筋を寒気が走ります。

試合が終わってバスに乗っても、頭はフラフラ、足元はグラグラです。目を閉じても平衡《へいこう》感覚を保てません。いったい何が起こったんだ、僕の身体はどうなっちゃうんだ、と言い知れぬ不安に襲われていましたが、合宿所に着いてバスを降りると、目まいも、吐き気も、寒気も、すべて消え去っていきました。スイッチひとつで電気が消えるように、きれいに、なおかつ一瞬にして。

合宿所に戻っても回復しなければ、病院へ行こうと思っていました。けれど、あまりにもあっさりと回復したので、一時的な体調不良だと自分を納得させました。スイッチヒッターにも外野の守備にも慣れなければいけないですから、1分1秒でも無駄にはできません。イースタンリーグのゲーム以外にも、自主練習を日課にしていました。

怖くなかった、と言えば嘘《うそ》になります。朝起きるとゆっくりと身体を起こして、頭を軽く振ってみる。それで何もなければ、もう少し振ってみる。それでも何もなければ、「よし、大丈夫だ」と動き出す。最初のうちはそんなことをしていましたが、人間は忘れやすいものです。その後しばらくは異常を感じなかったので、あの日感じた戸惑いも目まいも、すっかり記憶から消去されていきました。この時点ではまだ、小さな事件に過ぎなかったのです。

病とたたかいながらの1軍生活

プロ野球にはオールスターゲームがあります。夏の到来を告げるイベントとして、1軍だけでなくファームでも開催されます。イースタンとウエスタンによる『ジュニアオールスターゲーム（現フレッシュオールスターゲーム）』で、僕はイースタンのメンバーに選ばれました。スイッチヒッターの左打席で、3割以上の成績を残していたことが評価されたのです。

2軍でプレーしている〝ジュニア〟とはいえ、〝オールスター〟であることに変わりはありません。1年後、2年後に1軍で活躍することになる豪華なメンバーが、ベンチに顔を揃えています。僕はスタメンではなく、途中出場からチャンスをうかがいます。

選ばれた全員に一度はチャンスがめぐってくるのがオールスターです。僕は終盤に代打で起用され、センター前へ抜けるクリーンヒットを打つことができました。

1軍のオールスターが終わると、後半戦のスタートです。ここで僕は、1軍へ上げてもらいました。

ケガをした若松さんに代わる昇格なので、気持ちは複雑でした。それでも、1軍の試合に参加していくことで、責任感と高揚感を覚える日々を過ごすことができました。

29試合出場で18打数5安打という成績は、率直に言って何のインパクトもありません。2塁打1、打点1、盗塁1というのも、誰の記憶にも残らないものでしょう。それでも、僕にとっては大きな意味を持っていました。スイッチヒッターとしてプロでやっていく足掛かりのようなものを、つかむことができたからです。

シーズンの終了とともに、僕は球団から紹介された大学病院へ行きました。5月に襲われた原因不明の目まいに、頻繁に見舞われるようになっていたのです。最初のうちは1週間に一度くらいでしたが、しばらくすると3日に1回になり、やがては毎日のように悩まされるようになりました。症状が表れている時間も長くなり、2時間以上も続くようになっていました。実は1軍のゲームに出ている間も、予告なしにやってくる目まいと格闘しながらプレーしていたのでした。「小さな事件」

などではなかったのです。

病院で検査を受けると、お医者さんから「メニエール病です」と告げられました。聞いたこともない病名です。不安が喉から飛び出してきそうです。「どうすれば治りますか」と慌てて聞くと、予想できない答えが返ってきました。

「メニエール病は、原因が不明なのです」

鼓動が激しくなり、胸を突き破りそうです。原因不明ということは、治すことができないと、僕は勘違いしたのでした。

お医者さんからは、ふたつの治療法を提案されました。

メニエール病が引き起こす目まいは、耳の中にある三半規管に原因があります。ひとつ目の治療法は、身体のバランスを司《つかさど》るこの三半規管の機能を、意図的に停止させることでした。三半規管が機能しなくなれば、症状を根本的に絶つことができる、と。

ただ、機能を意図的に停止させるということは、機能を失うということです。つまり、耳が聞こえなくなってしまいます。

この治療法を聞いた僕は、すぐに返事をすることができませんでした。片耳の聴力を失うのは、スポーツ選手として致命傷になってしまうのではないか？　片方の耳がおかしくなってしまったのだから、もう片方も同じ症状になるかもしれない。聴力を失うことは、この時点で選択肢から外しました。

残るはひとつしかありません。耳の中に注射を打ち、三半規管を一時的に麻痺《まひ》させるというものです。メニエール病の患者の多くはこの治療を受け、快方に向かっているとのことでした。

プロ3年目を不安なく迎えるために、僕は入院することにしました。3日に一度のペースで、注射を受けていくのです。肌を刺す痛みはチクリとする程度ですが、15分も経つと猛烈な目まいが襲いかかってきます。波打ち際にいるように床が揺れ、頭はフラフラのグラグラで、視線は泳ぎっぱなしです。悪天候のなかで漁に出た船の上で頭を揺さぶられるような時間が、たっぷり8時間は続くのです。立っていることができず、ベッドに横になっていても身体が揺れていて、トイレでは壁に手をつかないと立っていられません。

僕の病室は、窓に鉄格子がついていました。どうしてそんなものがあるのかと思ったのですが、必要なものだったのです。注射を打った直後は意識が混濁しているので、足元がふらついた患者さんが窓から落ちてしまうかもしれないのです。

病室にひとりでいる僕が孤立感を覚えているのでは、と心配してくれる仲間がいました。気持ちが沈むことはありましたし、心がざわつくこともありました。それでも、入院生活は僕にとって前向きな時間でした。

この治療さえ終われば、また元気に野球ができる。不安という沼から自分を引っ張り出すための時間だと思えば、負の感情は湧かないのです。

胸のなかで希望の炎を燃やしながら、僕はメニエール病と向き合っていきました。

果たして、プロ3年目の1986年はメニエール病の不安もなく、キャンプから野球に集中することができました。

そして、開幕1軍を勝ち取ることができたのです。

俊足の選手が少ないというチーム事情が後押ししてくれましたが、そんなことは気になりません。1軍の選手たちと一緒にいても、息苦しさを感じることもなくなっていました。足が速いという自分の武器が評価されたのですから、胸を張って1軍のベンチに入り、代走や守備要員に指名されたら全力でチームに貢献する。それと並行して、自分に足りない部分をさらに磨いていくことに、気持ちを注いでいきました。

2年目にジュニアオールスターゲームに選ばれ、3年目は開幕1軍をつかんだ。「3年やってダメだったらプロをあきらめる」と約束した母にも、これなら納得してもらえる。プロ野球選手を続けられる……などと、安堵《あんど》のため息を漏らしている余裕はありません。プロ野球チームには、毎年のドラフトで将来有望な選手が入団してきます。レベルアップを続けなければ、あとから入ってきた選手にすぐに追いつかれ、抜かれてしまいます。

そうやって結果を残すための準備をしていれば、チャンスはめぐってきます。たくさんのチャンスはもらえないかもしれないけれど、必ず一度はめぐってくる。自分の力を証明できる場所を、周りの人たちが用意してくれる。僕にとってのそんなタイミングは、この年の5月末にやってきました。試合後に後片付けをしていると、土橋監督が僕に言ったのです。

「クリ、明日はスタメンで行くからな」

スタメンで行く？　そっかあ、そうなんだ……。えっ、スタメンっ！

土橋監督の言葉に、身体がすぐに反応しません。

プロに入ってからずっと待ち望んできたスタメン出場が、ついに実現する。僕以外の人にとっては、長いシーズンの1試合に過ぎない。けれど、僕にとっては絶対に忘れられないゲームであり、ターニングポイントとなり得るゲームです。

このチャンスを、絶対にモノにしなければならない。気負うな、冷静になれ。心のなかで青信号が灯ったり、黄信号が点滅したり……気持ちが前へ行くこともあれば、一時停止することもありました。

スターティングメンバーの9人は、試合前に球場でアナウンスされます。独特のイントネーションで選手を紹介する女性が、「いちばん、レフト、くりやま」と発表した瞬間の嬉しさといったら！　サヨナラヒットを打った選手のように、僕の心は喜びでもみくちゃにされていました。もちろん、興奮の渦《うず》に巻き込まれているばかりでは、スタメンは務まりません。すぐに気持ちを引き締め、レフトのポジションへ走っていきました。

準備を怠らなければ、誰かが見ていてくれる。準備を怠らなければ、チャンスをつかむことができる。

プロ3年目は107試合に出場し、72本のヒットを記録しました。長距離バッターではない僕がホームランを4本も打つことができ、打率は3割を超えました。規定打席には達していないので「3割バッター」を名乗ることはできませんが、プロのバッターとして認められる数字を残せたことで、僕のなかに太くて強い芯ができたような気がしました。

しかし、澄み切った心の隅には、黒ずんだ染みができていました。シーズンが終盤に差しかかった頃から、僕はまたあの苦しみ――メニエール病に悩まされるのです。

秋季キャンプには参加できず、1年前に続いて入院を余儀なくされました。しかも、1年前より症状は深刻でした。同じ治療を受けたのに、退院後も体調は芳しくないのです。

しかし、時計の針は止まってくれません。プロ4年目となるシーズンは、それまでとは違う種類の緊張感とともにやってきました。

第4章

一生かけて、野球と生きていく

どうして僕がメニエール病に？

1月の合同自主トレが始まり、4日目の朝でした。合宿所で目を覚ました僕は、目がくらむのを感じました。立ち上がると、視界が歪《ゆが》んでいます。立っていることができません。お尻から床へ引っ張られるように、ベッドに倒れ込んでしまいました。

メニエール病の症状でした。

二度の入院を経ての再発ですから、これまでと同じ治療で済ませるわけにはいきません。自主トレからキャンプインという大切な時期でしたが、今回はあらかじめ期間を設けずに治療をすることになりました。

言い方を換えれば、ゴールが見えていない状況です。チームは1月からアメリカで春季キャンプを張っていて、日本に残っているのは僕と骨折をしていた選手のふたりだけでした。関根《せきね》潤三《じゅんぞう》さんが新監督となり、新たな競争がスタートしたチームで、僕は大幅に出遅れてしまったのです。病院にいる自分が歯がゆくて、苛立たしくて、心に黒ずんだ液体が広がっていくように濁っていきます。

夜になるといつも、「何でオレがこんな目に遭《あ》うんだ」と思っていました。いや、そうでなくて、「何でオレだけがこんな目に」という気持ちでした。

プロ野球選手としては小さな身体で、人一倍努力をして、何とかプロで通用するレベルに近づいてきた。自分なりに頑張ってきたと思う。それなのに、野球をすることができない。することを許されない。

野球の神様を恨みました。「何か悪いことを、僕がしたのでしょうか？　どうかお願いですから、野球だけに全力を尽くさせてください」と、いつも願っていました。プロの世界が平等ではないとしても、あまりに不平等じゃないか、と自分の運命を嘆いていました。メニエール病だけでなく、心までも病に冒されていたのです。

世界中の不幸を背負っているような僕を目覚めさせてくれたのは、病院内の〝チームメイト〟です。入院病棟にはソファーがテレビを囲む休憩所があり、僕も時間潰しに足を運んでいました。

僕が入院していた大学病院には、その規模が大きいことからたくさんの患者さんが入院しています。休憩所には子どもから大人まで、幅広い年齢の患者さんが集まっていました。

何度か顔を合わせれば挨拶をするようになり、少しずつ話をするようになります。僕は何人かの男の子と顔馴染みになりました。年齢はたぶん、10歳ぐらいだったと思います。全員が野球ファンで、「今年のセ・リーグはあのチームが優勝するだろう」といった話で盛り上がっていました。

自分がプロ野球選手ということは話さずに、僕は子どもたちの会話にそっと加わっていました。ヤクルトの1軍に定着できていない自分を、彼らが知っているとは思えなかったというのもありますし、「僕はプロ野球選手なんだよ」と話して信じてもらえなかったら恥ずかしいな、という気持ちもあったかもしれません。

何よりも僕には、彼らが眩しく感じられました。「将来は何になりたいの?」と聞けば、野球選手やパイロットといった答えが返ってくるのです。僕が思い描く小学生そのものの姿でした。

ところが、僕に将来の夢を打ち明けてくれている子どもたちは、僕よりも大変な病を患っていたのです。彼らが大好きだと言ってくれているプロ野球も、実はいつまで観ることができるのか分からないことを、僕は知りました。

ショックでした。休憩所で顔を合わせる子どもたちは、いつだって明るいのです。無邪気と言っていい愛想の良さがあり、入院生活にふさわしい控えめにたたずむ姿勢を持ち、さりげない気づかいに満ちた素振りもできるのです。自分の人生の刻限をうっすらとでも感じながら、それでも毎日を精いっぱいに生きている子どもたちに、僕は強く心を打たれました。

メニエール病に苦しめられてはいるけれど、僕は命まで脅《おびや》かされていない。しっかり治療をすれば、大好きな野球を思いきりできる身体を取り戻せる。

それなのに、うじうじと思い悩んでいる。野球の神様を恨む前に、自分にできること、やらなければいけないことがあるはずだ、と考えるようになりました。

母の言葉も、僕を奮い立たせました。今回も注射を打ち続けるので、その後8時間くらいは頭がフラフラになります。心配した母は、身の回りの世話をしてくれていました。病室の中をせわしなく動きながら、母がポツリと漏らしたのです。

「かわいそうで、かわいそうで、代われるものなら代わってあげたい……」

心が痛みました。メニエール病とたたかっている僕は、孤独ではないのです。自分だけ苦しんでいるわけでもないのです。ここにはいない父も、兄も、これまでお世話になった皆さんも、僕のことを心配してくれているに違いない。そんなことをちっとも考えずに、自分だけが苦しんでいると思い込んでいました。

ああ、オレはなんてダメなヤツなんだ。自分のことではないのに僕のために僕のことを気にかけてくれているすべての人のために、メニエール病を克服してやる。この病気に勝ってやる。みんなを笑顔にする！　不安の螺旋《らせん》に陥っていた気持ちを、母の言葉によって引き上げてもらいました。

僕を励ましてくれていたのは、自分にとって近しい存在の人たちだけではありません。入院している僕のもとには、たくさんの手紙が届いていました。しかし、ふさぎ込んでいたときは、思いやりや優しさを正面から受け止められませんでした。封を切っただけで手紙を開かなかったり、最初の2、3行で読むことをやめてしまったりした手紙を、僕はもう一度読みました。どの手紙も励ましと希望に溢れていました。

自分の支えとなる言葉もいただきました。整体治療の先生が、こう話してくれたのです。

「人間には自分で病気を治す自然治癒力が備わっています。病気の治療で何よりも大切なのは、患者自身が病気に負けない強い心を持つことです。『もうダメだ』とあきらめたら、治る病気も治りませんよ」

先生の言葉を聞いた僕は、何度も頷《うなず》きました。振り返れば僕は、治療中も心のどこかで「また同じことが起こるのでは」と恐れていました。マイナス思考だった回路を完全に切り替えて、「同じことが起こったら、そのときはそのときだ。そんなことを考えるよりも、野球に全力で取り組もう」と心に決めました。

もう二度と野球ができないかもしれない

春季キャンプに参加できなかったものの、プロ4年目の僕は前年に続いて開幕を1軍で迎えることができました。新監督の関根さんからは、「夏まではしっかりコンディションを戻せ」と言われていました。

しかし、7月のオールスター以降は2軍で再起を期すことになります。後半戦から戦力になることを期待されていたのに、なぜ1軍にとどまることができなかったのか。

原因は僕自身にありました。

ある日の試合でスタメン出場した僕は、ノーアウト1、2塁でバッターボックスに立ちました。ベンチからはバントのサインが出ています。ランナーを進められないように、相手も警戒しています。しっかりボールを転がさないといけない、という意識が強過ぎたのか、僕のバントは失敗に終わります。キャッチャーに拾われたボールはサードへ送球され、ファーストにも送られてダブルプレーが成立してしまいました。自分のミスに呆然《ぼうぜん》とした僕は、ほとんど走り出すこともできませんでした。

ベンチへ戻ると、関根監督に呼び止められました。

「何で走らなかった？」

バントの失敗ではなく、ミスに気を取られて1塁へ走らなかったことを指摘されたのです。関根監督は続けて、「クリ、明日から2軍へ行きなさい」と言いました。チームに迷惑をかけてしまったという自覚はありました。でも、たった一度のミスで2軍落ちって？　それはちょっと厳し過ぎませんか？　口から飛び出そうな文句を噛《か》み潰しながら、僕は2軍落ちの理由を考えました。

関根監督は「一生懸命に野球をしなさい。そして全力で失敗しなさい」と僕たち選手に話します。その言葉にあのバントのシーンを重ねてみると、僕は全力で失敗をしていません。1塁に走っていないのですから。「一生懸命にやった結果が失敗ならしかたない。それは誰にでもある。でも、中途半端な失敗は次につながらない。失敗を糧《かて》にできないぞ」と、関根監督は僕に伝えてくれたのでした。

1軍のグラウンドで活躍したいのはもちろんですが、僕は2軍落ちをプラスにとらえていました。1軍では試合を中心にして動くので、練習は調整の色合いが濃くなります。それに対して2軍は、じっくりと練習することができます。春季キャンプに参加できなかったぶんを取り戻すためにも、いまの自分には2軍がふさわしい。

プロ4年目のこの年は、1軍で72試合に出場しています。全試合の2分の1強ほどに出ている計算で、実戦を通して成長を感じることができ、まだまだ足りないものを見つけることができました。ただ、僕にとっては2軍で過ごした時間も、かけがえのないものでした。

メニエール病の治療をしていたときは、「もう二度と野球ができないかもしれない」と思ったこともありました。それに比べたら、以前と同じように野球ができるだけで大きな前進です。いや、以前と同じではありませんでした。グラウンドを走ることも、バットを振ることも、ボールを追いかけることも、それまで以上に楽しいのです。いまこの瞬間に野球ができることに感謝して、ひとつひとつのプレーに全力で取り組んでいきました。チームメイトと一緒に練習ができるだけで、喜びで胸がいっぱいになっているのでした。

身体に対する不安がなくなり野球ができる喜びに満ちていくと、僕を支えてくれた人たちへの感謝を目に見える形で表したい、という気持ちが高まります。プロ5年目となる1988年のシーズンは、開幕から絶対にチームに貢献するぞという意欲に満ちてスタートしました。そのための土台は前年につくり上げることができた、との自負もありました。

気持ちはいつも前のめりです。あまりにも、前のめり過ぎたのかもしれません。アメリカでの春季キャンプで左足のふくらはぎに肉離れを起こしてしまい、安静にしなければいけないのに球拾いをしたりして、また同じ箇所を痛めてしまうのです。肉離れは完治させないと癖になる、と言われます。帰国後も肉離れを繰り返してしまい、僕は自分への怒りと焦りで身体を震わせていました。

リハビリをしている僕の表情は、いつも曇りがちだったのでしょう。日頃からお世話になっている方が、「なあ、クリ」と声をかけてくれました。

「焦る気持ちはよく分かるけど、いま一番大事なのは余計なことを考えずに無心になって、ケガを治すことだよ。そのとき、そのときで、自分にできることをしっかりやれば、必ず明日は開けてくる。ケガが完治したらまた、思いっきり野球をすればいいじゃないか」

まったく、オレというヤツは！　ケガをしていることに焦りを覚えるのは、「早く復帰していい成績を残したい」という欲があるからです。先のことにばかり意識が向いてしまい、〈いま〉が疎《おろそ》かになっていたのです。「無心になれ」という言葉が、胸の奥にグサリと突き刺さりました。

1軍に引き上げてもらうことができたのは、ケガが完治した6月でした。待ち望んだ舞台に、ようやく立つことができたのです。これまでの僕ならば、やる気のオーバーフロー（氾濫・過剰）状態になっていたことでしょう。

けれど、プロ野球で5年間を過ごしてきたことで、チーム内での自分の立ち位置は分かっていました。周りの目を気にすることなく、自分にできることに集中すればいい。何よりも、「無心」になることの大切さを教えられたばかりです。気持ちは澄み渡っていました。

1軍昇格後、最初の相手はジャイアンツでした。子どもの頃から憧れていたチームです。気持ちは熱く、プレーは冷静に、と心がけながら、僕はゲームに臨みました。

野球には、予測できないタイミングで運やツキが入り込んできます。バッターからすると手ごたえも飛距離も十分の1打が、ほんのわずかにポールの外へ逸《そ》れてホームランにならない。ピッチャーが完璧に詰まらせた打球が、たまたま野手と野手の間にポトリと落ちてヒットになる。そういったプレーがまた、試合の流れに大きな影響を及ぼしたり、選手を調子に乗らせたりするものです。

ジャイアンツ戦の第1打席で、僕は平凡な小フライを打ち上げました。ノーアウト2塁の状況でしたから、ランナーを進塁させることもできない。悔しい思いを振りはらって全力で1塁へ走ると、スタンドを「おおっ」というどよめきが駆け抜けました。

ボールの落下点はレフトとショートの中間地点で、どちらもキャッチできずにグラウンドに落ちたのです。2塁ランナーはホームインし、僕も2塁まで進むことができました。

幸運に恵まれたこの一撃は、僕を緊張から解放してくれました。この試合で僕は3安打を放ち、次の試合でも勝利につながる打点を記録したのです。

このジャイアンツとの3連戦をきっかけとして、スタメンに定着することができました。規定打席には達しなかったものの3割3分1厘《りん》の打率を残し、プロ3年目以来の3割に加え、僕に求められている盗塁やバントでも一定の成績を弾き出しました。

翌89年は、それまでで最多の125試合に出場しました。打撃成績は平均的なものにとどまってしまいましたが、ケガなく1シーズンを過ごせたことには満足できました。

チームから与えられた役割も、それなりにこなせたと思います。犠牲バントの「37」という数字は、チームで最多でした。2塁打、3塁打、ホームランなどの長打でランナーを返すのは、僕に求められるバッティングではありません。足を生かした2塁打は多かったですが、塁上にランナーがいれば長打は狙いません。自分が犠牲になって進塁させるのが最優先事項になります。その意味で、チームでもっとも多い犠牲バントは自分でも評価できるものでした。

犠牲バントでは、1試合4犠打のプロ野球タイ記録もつくりました。プロ野球史上3人目で、2016年現在でも9人しかいません。

シーズン終了後には、ゴールデン・グラブ賞を受賞しました。守備力に卓越した選手に贈られる『守備のベストナイン』とも言うべき表彰で、中日ドラゴンズから最多勝投手に輝いた西本聖《にしもとたかし》さん、日本一になったジャイアンツからファーストの駒田徳広《こまだのりひろ》さん、ショートの川相昌弘《かわいまさひろ》さん、広島東洋カープからセカンドの正田耕三《しょうだこうぞう》さんらが選ばれていました。ヤクルトからは僕ひとりで、80年のジョン・スコット選手、大矢明彦《おおやあきひこ》選手以来の選出です。

個人的にはそれなりに満足を得られるシーズンだった一方で、プロならではの別れもありました。若松さんの引退と、関根監督の勇退です。

忘れられない恩人との別れ

若松さんはプロ野球選手として19年にわたり活躍し、42歳での現役引退でした。若松さんの代走に指名されることの多かった僕は、マスコミから「若松の影武者」と呼ばれたりもしていました。しかし、その背中はどれだけ追いかけても手が届かなくて、それでいてとても大きくて温《ぬく》もりを感じさせるものでした。

僕がヒットを打ってベンチに戻ると、若松さんは必ず「クリ、ナイスヒット！」と声をかけてくれました。ヤクルトというチームの象徴でもある大先輩の言葉に、どれほど勇気づけられたことでしょう。

野球を始めたばかりの僕は、父に褒められたくて野球をやっていました。それと同じように、ヤクルトに入団してからの僕は、若松さんの「ナイスヒット」という声が聞きたくて、バッティングを磨いていったのかもしれません。

関根監督とも、忘れられない出来事があります。

89年のシーズンが終盤に差しかかった9月下旬に、関根監督に呼び出されたことがあります。チームはビジターゲーム中で、僕はホテルで身体を休めていました。時間は夜中の1時を過ぎていたはずです。用事があるにしては遅過ぎますし、「バットを持ってこい」というのはどういう意味なのだろう？「こんな時間に練習をするはずもないよなあ」と思いながら、僕は関根監督の部屋をノックしました。

部屋に通されると、関根監督がいきなり言いました。

「オレは今年でやめる」

そんな素振りはまったくありませんでした。喉に何かが詰まったかのように、僕は言葉を失いました。関根監督はソファーから腰を上げると、「よし、やろうか」と言って窓際へ歩いていきます。

「オレが長い間をかけて研究してきたバッティングの一番のポイントを、これからお前に教える。来年のキャンプから試してみろ」

カーテンを開くと、窓に室内が映ります。鏡代わりにするようです。「ほら、こっちへよこせ」とバットを受け取った関根監督は、自分でスイングをしながら説明をしていきます。「よし、じゃあやってみろ」とバットを僕に返し、今度は僕がスイングをします。深夜の客室に、関根監督の「違う、もっとワキを締めるんだ」、

「そう、その感じだよ」といった声が響きます。僕が課題としているバッティングのヒントを伝えるために、関根監督はわざわざ時間をつくってくれたのです。

深夜の特別指導は、朝5時まで続きました。「よし、いいだろう。お疲れさん」という言葉に背中を押されて部屋を出ると、それまで我慢してきた感情が一気に溢れ出てきました。

僕みたいに平凡な選手のために、チームの中心とはならない選手のために、自分の知識と、智恵と、経験と、情熱を、時間を惜しまずに注いでくれる人たちがいる。関根監督への感謝を追いかけるように、お世話になっている人たちへの感謝の気持ちも浮かんできました。

関根監督が教えてくれたのは、バッティングの技術論だけではありませんでした。人を思いやることの大切さを学ばせてもらった時間でした。

部屋に戻った僕は、関根監督の優しさが嬉しくて、関根監督が監督をやめることが寂しくて、涙を流しました。涙はなかなか止まらなかったのですが、それでもかまわないと思いました。

野《の》村《むら》監督の就任

関根さんの後を受け継いだのは、野村克也《かつや》さんです。データを重視した「ＩＤ野球」というキャッチフレーズを掲げた野村監督のもとで、ヤクルトはガラリと変わっていきます。バッティングのスタイルを矯正された選手がいて、コンバートをされた選手がいて、レギュラーに抜擢《ばってき》された選手がいました。

僕は、ポジションを失いました。メニエール病の治療で春季キャンプから出遅れてしまったのですが、シーズン開幕には自分なりに合わせることができたと感じています。それなのに使ってもらえないことが悔しくて、野村監督に自分から距離を置くようになりました。「去年はゴールデン・グラブ賞を取った選手なのに」というプライドも、監督への反抗材料になっていた気がします。

試合に出られないことを悔しいと思う気持ちは、絶対に持っているべきです。試合に出られなくても何も感じないようでは、友だちと草野球を楽しむことと変わりありません。自分を使ってくれない監督に対して、「いまに見てろよ。必ず挽回してやる」という気持ちを持つのは、プロとして当然のことでしょう。

ただ、悔しさを募らせているだけでは、何も変わりません。悔しさを反骨のエネルギーとして、自分を高めていかなければいけないでしょう。

僕に代わって先発の外野手になった柳田浩一《やなだこういち》という選手は、その年のゴールデン・グラブ賞を獲得します。野村監督は選手を平等に評価し、僕ではない選手をスタメンで使っていたのです。それなのに、自分の力不足から目を逸らして、僕は不満を溜め込んでいました。これでは、状況が好転するはずもありません。

僕の気持ちが揺らいでいた理由が、実はもうひとつありました。メニエール病への不安です。

プロ野球選手として生きていくために、僕には譲れないものがありました。ひとりの人間としても、決して曲げられないものがありました。

結果を恐れずに、その時々でベストを尽くす。ベストとは100パーセントではなく、120パーセント、130パーセントでなければならない。なぜなら、僕よりも野球の才能に恵まれ、身体能力も高い選手たちが、100パーセントの努力をしたら、彼らに追いつくことさえできないからです。

プロ野球選手ですから、ファンに興奮や感動を与えることも使命です。チームが得点するためなら、バントでも盗塁でも率先してやる。ボテボテのゴロを打ってしまっても、1塁まで全力で走る。決してあきらめない姿勢は、関根さんのアドバイスでさらに強固なものになっていました。

守備も全力です。捕れそうにないボールも、必死になって追いかける。フェンスにぶつかってもいいから、ためらわずにボールへ食らいつく。フェンスに激突して救急車で運ばれたこともありましたが、グラウンドに戻ればまた同じようにプレーしていきました。

ゴールデン・グラブ賞を獲得できたのも、ギリギリのプレーに恐怖を感じないからでした。中学時代にバレーボールで磨かれたレシーブを応用するような形で、ダイビングキャッチに躊躇なくトライしていたからでした。

高校野球みたいだと笑われても、これが僕のスタイルです。打算や妥協といった感情に流されることなく、最後の一滴までエネルギーを絞り出して野球と向き合う。

それが、崩れつつありました。

朝になって目を覚ます。身体は大丈夫だろうかと、最初に考えてしまうのです。

球場へ向かうために車を運転していても、球場に着いてユニフォームに着替えても、身体に対する不安が心を占《し》めています。そんな状態では、100パーセントの準備ができません。

このままプレーをするのは、野球に対して失礼だ。そう考えたときに、「引退」の2文字が頭に浮かびました。

戦力外を告げられたわけではありませんから、現役を続けることはできました。球団の幹部に相談をすると「絶対にやめさせないぞ」と強い口調で言われました。「病気を完治させるために、1年間休んでもいい」とも、言ってもらいました。もちろん、「本当にやめていいのか、後悔しないのか」と、何度も聞かれました。

小さい頃からの夢だったプロ野球選手になり、それだけでなく1軍でプレーできている。しがみついてでも現役を続けることはできました。でも、誰かに勧められて引退するのは、人生の選択として受け入れたくはなかった。自分で無理やりこじ開けたプロの扉ですから、閉じるのも自分で、と考えていました。

ラストゲーム

現役最後のゲームは、横浜スタジアムでのホエールズ戦でした。

9回表の攻撃で、1アウト1塁です。僕は監督から、「次のバッターの代打でいくぞ」と指示されていました。

これが現役最後の打席になります。人よりも涙もろい僕ですから、センチメンタルな気分になるだろうなと思っていました。

ところが、感傷的な気分など湧いてきません。打席に入ったらどうしようかを、僕は考えています。1アウト1、2塁になったらどうする、2アウト1塁ならどうすると、状況に応じたバッティングを頭のなかで整理していました。

ここからが、いかにも僕らしいかもしれません。

僕の前のバッターが内野ゴロを打ち、ダブルプレーが成立して3アウトになってしまったのです。最後の打席は回ってくることなく、ゲームは終わりました。

チームメイトには、引退を伝えていません。この試合を最後に現役を退くことを知っているのは、シーズン中から色々と相談していたトレーナーさんだけです。メニエール病だけでなく、右ひじの痛みにも、僕は悩まされていました。

ロッカールームへ引き上げた僕は、なかなか着替えることができません。ヤクルトのユニフォームを着るのは今日限りだと思うと、それまで何気なく使っていたものへの愛着が押し寄せてきて、脱ぐことがためらわれるのです。このままずっと着ていたい、この場所にずっといたい、というわがままな気持ちが、静かに暴れ出しました。自分で決めた引退とはいえ、心のページは簡単にめくれません。

僕の様子がいつもとは違うことに、トレーナーさんは気づいたのでしょう。彼はさりげなく近づいてきて、「自分で決めたんだから泣くなよ」と、囁くように言いました。

それでも、隠しとおすことはできませんでした。人懐っこい性格でチームを明るくするピッチャーの内藤尚行《ないとうなおゆき》が、「ええっ、クリさん、まさか！」と大声で叫ぶのです。

「やめちゃうの？　なんで？　ホントにやめるなら、オレはクリさんをこの部屋から出さないよ」

僕よりもはるかにチームに不可欠なローテーションピッチャーの内藤が、僕を引き止めてくれている。それだけでもう、僕には十分でした。「ヤクルトってホントにいいチームだなあ。最高のチームでプレーできて、自分は本当に幸せ者だ」という晴れやかな気持ちが、全身をゆっくりと包み込んでいったのです。「いまならやめられる」と、僕は決意を固くしました。

僕の決断を、家族は支持してくれました。僕の身体がボロボロなのは、父も母も知っています。野球が大好きな父でさえ、「このまま身体を酷使し続けたら、日常生活にも支障をきたすようになってしまうぞ」と厳しい口調で僕に迫っていたのです。

怒りの電話をかけてきた人もいました。若松さんです。

「クリ、世の中を甘く見ちゃダメだぞ。お前がどれぐらい給料をもらっていたのか分からないし、引退して何をやるのか知らないけど、プロ野球選手と同じくらいの給料を稼げるとは思うなよ」

プロ野球界で長く生きてきた若松さんは、引退後の人生に苦しむ先輩や後輩をたくさん見てきたのでしょう。僕のことを心配してくれているからこそ、口調が厳しくなったのだと思います。

僕みたいな落ちこぼれに左打ちを教えてくれて、スイッチヒッターになることを後押ししてくれたのは、誰でもない若松さんです。「ようやく少し、モノになってきたな」という目で僕を見てくれていたかもしれませんし、何よりも29歳での引退はあまりに早い決断と映ったに違いありません。

僕の身体がどんな状態なのかを説明し、自分なりに考えた末の結論ということを説明すると、若松さんは「そこまで言うのなら」と納得してくれました。左打ちを教えたという意味で、若松さんにとっての僕は少しだけ特別な後輩だったのかもしれません。

受話器を置くと、手のひらが汗でべったりと濡れていました。野球で真剣勝負をしたあとのようでした。若松さんの熱が、伝わっていたのかもしれません。

引退するということ

プロの世界から退いた選手に、「すべてをやり切ったと思えますか?」と聞いてみます。ほとんどの選手は、首を横に振るでしょう。「できることはやったという意味で、後悔はない」と答える選手はいるかもしれません。それでも、いざやめるとなると「ああすれば良かった、こうすれば良かった」という思いが湧き上がってくるものです。

僕はプロ選手として7年間を過ごしましたが、最後まで半人前のままでした。一流の選手には、なれませんでした。守備のスペシャリストとしてゴールデン・グラブ賞を受賞しましたが、「プロ野球選手として何を残せたのか」を自問自答すると、「何も残せなかった」と言わざるを得ません。

現役引退後の人生では、一人前になりたい。それが、僕という人間を成長させてくれた野球への恩返しです。もちろん、ずっと野球のそばにいたいと思っていました。

野球への接し方は、プレーをするだけではありません。できるだけ長く野球のそばにいるために、引退を決意したところもあります。ひとりの取材者として、野球の伝え手として、今度こそは一人前になると決意しました。

選択肢は色々とありました。東京学芸大へ戻ることもできましたが、いまの自分に必要なのは勉強です。29歳まで野球ひと筋で過ごしてきた僕は、一般的な社会人より知識量が圧倒的に少ない。人間として一人前になるためには学ぶ時間が欠かせない。そのための手段として、メディアの世界で色々なものに触れていきたい、と考えました。

なぜメディアなのか。野球を伝える立場になれば、一番近くで現場を見ることができるからです。日本のプロ野球だけでなく大学や高校の練習や試合にも、アメリカのメジャーリーグにだって行くことができます。

時代の後押しもありました。僕は引退翌年の1991年にスポーツキャスターとなり、テレビ朝日のニュース番組を担当することになるのですが、2017年なら同じ仕事にありつけなかったでしょう。テレビ番組に出演する元プロ野球選手やスポーツ選手は、それなりに実績を残した人たちばかりです。プロ生活7年でリーグ優勝の経験もなく、3割バッターでもなかった僕がキャスターになれたのは、幸運に恵まれたとしか言いようがありません。抜群のタイミングだったのです。

もちろん、仕事は永遠に与えられるものではありません。僕など足元にも及ばない華々しいキャリアを持った元プロ野球選手やスポーツ選手が、毎年のようにメディアの世界へ飛び込んできます。「野球選手だったからスポーツの解説をする」といった単純な姿勢では、僕の実績ではすぐに淘汰《とうた》されてしまいます。たたかう場所が変わっただけで競争は続き、自分が生き残るためにどうすればいいのかを、僕なりに考える日々です。

毎日が必死でした。世界のスーパースターと呼ばれる選手に、インタビューをしたこともあります。仕事に向き合うスタンスは、「自分のため」ではありません。自分が担当するスポーツコーナーなりスポーツ番組を、より良いものにすることだけに集中しました。とにかくいいものを世の中へ出すんだ！　という気持ちで、日本国内はもちろん世界中の現場へ足を運びました。

野球選手としては成功できなかったのだから、せめて社会人としては一人前にならなければいけない。ひとつひとつの仕事に丁寧に、純粋に向き合い、我慢強さと謙虚さ、それに自分を飾らない真面目さを忘れない。そうやって仕事を積み重ねていくことは自分のためであり、引退後も僕を気にかけてくれているヤクルトの関係者や家族、知人への恩返しになる、という気持ちはいつも心の真ん中にありました。

プロ野球選手が監督に選ばれて試合に出るように、メディアの世界も番組を制作するスタッフに主導権があります。出演者は基本的に受け身の立場ですから、声をかけてもらった仕事はできるだけ受けたいというのが僕のスタンスでした。

ただ、何でもやるというわけではありません。

たとえば、バラエティ番組の出演が増えると、スポーツキャスターとか元プロ野球選手のイメージは薄くなっていくでしょう。それは、僕にとって嬉しいことではありません。僕にはそのような才能はありませんが、笑いを取れるお茶の間の人気者になったら、プロ野球という勝負の世界には似合わなくなってしまいます。自分に声がかかるかどうかは分からないけれど、指導者としてプロ野球界へ戻れる範囲の仕事をしなければいけない、という基準はつくっていました。目の前の仕事にとにかく食らいつくだけですから、「現場に戻るんだ」という目標を明確に立てていたわけではなく、あくまでも社会人として一人前になるんだ、という気持ちしかありませんでしたが……。

取材を通した出会いは、僕にたくさんのものを与えてくれました。そのなかでも忘れられないのが、ノーラン・ライアン氏へのインタビューです。

1947年生まれの彼は、時速160キロのスピードボールを投げるピッチャーとして、メジャーリーグで46歳までプレーした大投手です。僕が中学生当時から現役バリバリで活躍していた彼は、14歳年下の僕がスポーツキャスターになってもまだ、マウンドに立ち続けていたのでした。

練習前の短い時間に、僕はライアンと並んで座りました。心臓が飛び出しそうなほどの緊張と、野球少年だった当時にタイムスリップしたかのような感動が押し寄せてきて、僕は身体がガチガチになっていました。それでも、絶対に聞きたかったことは何とか質問することができました。

「あなたの考えるメジャーリーガーとは？」

野球、バスケットボール、アメリカンフットボール、アイスホッケーが4大スポーツと言われるアメリカでも、ライアン氏ほどの成功を収めたプロスポーツ選手は多くありません。彼の答えは楽しみであり、興味深いものでした。ライアン氏は考える間を置かずに、スラスラと答えていきます。

「メジャーリーグとその下部リーグのマイナーリーグの違いは、年俸や待遇に差があることではなくて、人に影響を与えられるポジションかどうか、ということなんだ。メジャーリーガーは、子どもたちに尊敬されるような行動を心がけなければいけないし、そのために自分を律する必要もある。たくさんのお金をもらえるし、スターという地位も得られるけれど、その代わりにメジャーリーガーとしての責任を果たさなければいけないんだ」

僕は思わず膝を叩きたくなりました。これだ、と思ったのです。

アメリカと同じように日本でも、プロ野球選手は子どもたちに影響を与える存在です。けれど、ライアン氏のようにはっきりとプロの使命を口にする選手は、当時の日本ではかなりの少数派でした。

日本人がなかなか口にできないことを、さらりと言ってのけるのは、ライアン氏だからなのか。それとも、アメリカ人だからなのか。どちらにしても、アメリカの野球に魅力を感じた僕は、それから何度もメジャーリーグの取材をしていくことになります。

そして、アメリカにおける野球文化の象徴と思えるものを、僕自身の生活にも組み込んでいくことになるのです。

第5章

まさかの監督就任、大志を抱く

フィールド・オブ・ドリームス

2011年11月9日、僕は北海道札幌市内のホテルにいました。広い宴会場には真っ白な布で覆《おお》われたひな壇があり、色鮮やかな花に包まれるようにマイクが伸びています。北海道日本ハムファイターズの新監督の就任記者会見が、これから始まろうとしています。主役の登場を待つ会場は、期待感でざわついています。

記者会見の定刻となり、大社啓二《おおこそひろじ》オーナーと新監督が登壇します。僕は背筋が強張《こわば》るのを意識しました。

ファイターズの新監督は、他でもない栗山英樹だったからです。21年の空白を経て、僕はプロ野球界へ戻ってきたのです。

最初にオーナーが挨拶をします。「プロ野球選手としては決して恵まれた身体ではなかったにもかかわらず、ヤクルトスワローズでの実績は猛練習の積み重ねによるものであり、とくにメニエール病とたたかいながらのプレーに、あきらめず自らを厳しく律して練習に取り組む強い意志、姿勢はファイターズに求められる根幹。

野球に対する見識の深さ、コミュニケーション力の高さも監督として重要な要件」と、僕に監督就任を要請した理由を説明しました。続いて僕が短い挨拶をして、記者会見は質疑応答に移ります。「正式に契約を結んでの心境は？」という質問を受けました。僕は「怖さしかないですね。責任が重いというのがいまの心境です」と答えました。

ファイターズは2004年に東京から北海道へ本拠地を移し、過去8年間でリーグ優勝3回、Aクラスと呼ばれる3位以内が6回という成績を収めています。リーグ優勝はもちろん、日本一を現実的なターゲットにしているチームです。責任を感じないはずはありません。

身体は怖さに揺れつつも、心は興奮の矢印に沿って一直線に走り始めています。

2002年9月、僕は北海道夕張郡栗山町に『栗の樹《き》ファーム』を造りました。メジャーリーグの取材を通して、僕は天然芝のグラウンドの美しさに魅せられたのですが、スタジアムの近くに必ずと言っていいほどスポーツバーがあることにも気づきました。スポーツバーには野球好きが集まり、お酒を飲んだり食事をしたりしながら楽しい時間を過ごしています。野球が文化として日本人の生活に根付いていくには、思いきりプレーできるスタジアムはもちろん、スポーツバーも欠かせない。そう考えた僕は、自分の夢を実現する場所として『栗の樹ファーム』を造ったのです。ノーラン・ライアン氏との出会いによって生まれた夢でした。

僕が大好きなアメリカ映画の『フィールド・オブ・ドリームス』で、主人公は「それを造れば彼はやってくる」という声を聞きます。主人公は家族の協力を得て野球場を造り、憧れていた選手が本当にやってくる（細かいストーリーは、ぜひ映画を観てください！）という内容なのですが、ファイターズからの監督就任要請は僕にとっての『フィールド・オブ・ドリームス』でした。

『栗の樹ファーム』を造った僕に、野球の神様が「お前に一度、監督をやるチャンスをあげよう」と言ってくれている気がしたのです。自分の夢を実現させてくれた北海道のためにも、断れるはずがないと思いました。

僕自身の心の隅っこで監督就任を後押ししてくれる出来事が、もうひとつありました。

スポーツキャスターをやっていた当時の知り合いに、立教大学野球部出身のテレビ局員がいました。同い年ということもあって打ち解けた彼が、「もしクリさんが六大学で野球をやっていたら、絶対にプロ野球選手にはなっていない」と言ったんです。「六大学にはプロへ行く選手がたくさんいる。そのなかでプレーしていたら、テスト生でプロになろうなんて考えられない」と。確かにそうだったかもしれないな、と頷く自分がいました。プロ野球へ進んだ先輩やプロが注目する同期生らに囲まれていたら、「自分はプロで通用するかどうか」を嫌でも思い知らされます。自分の可能性をきちんと判断して、彼は違う道を選んだのでしょう。

人生の分岐点で、理想と現実を見極めるのはとても大切です。けれど、本当にやろうと思ったらできることはある、とも僕は考えます。できるというか、できる可能性は絶対にある。

ファイターズの監督になることも、同じように考えることができました。普通に考えれば、選手としての経歴が僕レベルでは監督になれない。それでもファイターズがチャンスをくれたのは、野球に対する僕の情熱がそうさせてくれたのだ、と考えてもいいはずなんです。現実的かどうかじゃなく、とにかくやってみる。やらないと、成功も失敗もない。ぶつかっていかなかったら、何も生まれないじゃないか！　というのが僕の価値観なんです。

大好きな野球に、今度は監督として取り組める。思いきり楽しんでやれという気持ちで、僕は監督1年目のシーズンに臨みました。

監督就任、1年目

グラウンドでプレーする選手の感情を、観客は敏感に察知します。やっている選手が楽しんでいなければ、観ている人たちも楽しめない。自分が持っているもの、練習で磨いたものを、グラウンドで出し切る。ミスを恐れずに躍動する選手たちの姿は、観衆の心を動かします。

そのために僕は、命がけで準備をして、命がけでたたかいます。白い歯を見せながらプレーすることが、楽しむことではありません。本当に苦しくて、本当にしんどい。気持ちがすり減っていくと実感します。

それぐらいのパワーを注がないと、プロ野球で勝つことはできません。それぐらいのエネルギーを傾けるから、勝利をつかんだときの安堵感は格別です。

何よりも僕が嬉しいのは、選手たちが喜んでくれることでした。

29歳で現役を引退してから、僕は勝負の世界から遠ざかっていました。とはいえ野球に寄り添ってきたプライドはありますし、取材を通して現場の空気を絶えず感じてきました。監督たちの苦悩にも、インタビューなどを通して少しは触れてきたつもりです。

けれど、実際にチームを任されると、取材では知り得ないこと、感じ取れないことばかりです。監督という仕事を楽しんでやれと自分に言い聞かせつつも、就任1年目は毎日が格闘でした。

僕に課せられた大きなテーマに、メジャーリーグへ移籍したダルビッシュ有《ゆう》の不在をどうやって埋めるのかがありました。絶対的なエースの代わりは簡単には見つかりませんが、選手たちは投手陣よりも監督が気になっていたかもしれません。「ウチの監督、大丈夫かなあ」と、心配していた選手もいたでしょう。

それも当然だったでしょう。試合中にサインを出すのは監督の仕事ですが、バントの指令を送るだけでも身体がガチガチになってしまうのです。ピッチャー交代のタイミングともなれば、悩んで、悩んで、悩みまくりです。ほんのわずかでもためらっているうちに、攻撃も守備も1球で局面が変わってしまう。素早い決断が求められるのは分かっているのですが、これが簡単ではありません。

このシーズンは74勝59敗11分の成績で、パ・リーグを制することができました。ただ、勝った試合は選手たちの頑張りがあったからで、負けた試合は僕の力不足でした。重大な采配《さいはい》ミスこそなかったものの、選手たちに申し訳ない気持ちでいっぱいになりました。

試合後の監督は、スポーツ各紙の担当記者に囲まれます。勝てば勝因を、負ければ敗因を聞かれます。必然的に選手のプレーに触れざるを得ないのですが、僕は好プレーをした選手は褒め、ミスをした選手は責めません。

技術のミスか判断のミスかを問わず、選手ができないのは僕が教えていないからです。できるようになるための練習を、僕が提供できていないからです。就任1年目は監督の仕事に慣れていないこともあって、「負けたことを選手のせいにするな」といつも自分に言い聞かせていました。「結果の責任を選手に押しつけない」という基本姿勢は、その後もずっと持ち続けていきます。

監督経験のない新人監督という立場だから、良かったなと思えることもありました。51歳という年齢です。もし僕が40歳だったら、「まだこの先の人生が長いなあ」

という思いから、「ファイターズで結果を残して、できるだけ長く監督をやりたい」と考えたかもしれません。自分はそういうタイプではないと信じたいですが、追い詰められたら保身に走ったりしていたかもしれません。

けれど、51歳の僕は「次に何をしよう」といったことはまったく頭にありませんでした。自宅は『栗の樹ファーム』の敷地内にありますし、監督としてステップアップしたいとも考えていません。自分が周りからどう思われているのか、ということも気になりません。自分の好きなことをやらせてもらっているので、選手が成長してチームが勝つことだけに集中できています。

プロ野球のチームには、高校を卒業したばかりの10代の若手がいて、30代後半や40歳を過ぎたベテランもいます。年齢が同じでも、すでにプロとして一本立ちしている選手がいれば、1軍に定着できない選手がいます。選手としての背景は人それぞれですから、僕の接しかたも変わってきます。

僕自身はプロ入団直後に、言いようのない絶望感を味わいました。ファイターズの2軍で頑張っている選手たちに、同じ思いを味わわせたくありません。プロの壁にぶつかっている選手がいたら、僕はこう伝えるようにしました。

「差があるからこそ、生きる道があるんだよ」

投手でも野手でも、プロとしての王道を歩みたいという夢を抱いています。王道はみんなが目指すので競争が激しく、脱落したときの失望感もまた深い。

だからといって、王道だけがプロで生きる道ではありません。誰も通らないような道も、実は1軍へつながっているのです。ドラフト外の落ちこぼれだった僕が言うのですから、これはもう間違いありません。自分が夢中で切り開いてきた道が、獣道《けものみち》を歩きやすくすることにつながっているのです。「いくら努力しても才能の差は超えられない」と思う選手には、僕だからこそできるアドバイスをするようにしています。

プロはすごい、1軍の選手には歯が立たない、と思い込んでしまうと、自分が苦しくなるだけなのです。自分をどんどん追い詰めてしまう。そうではなくて、「同じ人間がやっているのだから関係ない。オレがこの世界を変えてやる、というぐらいの気持ちでやってほしい」と、若い選手たちには言い続けています。

もちろん、試合に勝つためには選手を選ばなければならない。一番勝ちやすいオーダーを、組まなければなりません。「レフトはこの選手とこの選手、ライトはこの選手とこの選手のどちらがいいのか」と比較対照をするのが監督の仕事なのでしょうが、僕は選手を違う視点で見ていきます。この選手の伸び幅はどれぐらいあって、目いっぱい伸ばすにはどうしたらいいのか、ということだけに意識を傾けます。

表現を変えれば、僕は選手をとことんまで愛します。いつでも、いつまでも片思いです。それでいいのです。「1軍の試合で使っていないから、アイツは僕のことを憎んでいるんだろうな」といったことを考えたら、つまり、自分が選手からどう見られているのかを気にしたら、それが態度に表れてしまいます。言葉づかいや態度が、微妙に変わってしまう。選手が僕のことをどう思っているのかに頭をめぐらすと、僕の気持ちがブレてしまうのです。

そんなことよりも、「この選手が伸びるためには、どうしたらいいのか」だけを考え続ける。監督を続けている間は、ずっと選手に片思いです。

パ・リーグで優勝を飾った監督1年目は、上位3チームが出場するクライマックスシリーズも制することができました。日本シリーズ進出です。セ・リーグからは、原辰徳さんが監督を務めるジャイアンツが勝ち上がってきました。

憧れの原さんが率いるジャイアンツと、日本一を決める舞台で監督として相対する。夢のようなシチュエーションです。でも、喜びや感激に浸《ひた》っている気持ちの余裕はありません。

野球の神様に、僕は願っていました。自分が持っている一生ぶんの運を使い切ってもいい、これからの人生が悪いことばかりでもいいから、どうか選手たちを日本一にしてください、と。

しかし、結果は2勝4敗でした。悔しくて、選手に申し訳がなかったです。でも、今回は勝ってはいけない理由があったのだと、理解するようにしました。自分にはまだまだ、足りないものがある。もっと努力をしなければいけない、もっと野球を好きにならなければいけないんだ、と。

大谷翔平という夢

シーズンが終了すると、ドラフト会議があります。2011年の注目選手は、何と言っても大谷翔平でした。投手としても打者としても超一流になれる素質を持った高校生で、セ・パ12球団すべてが獲得に乗り出すほどの選手です。しかし、彼自身はメジャーリーグ挑戦を公言していました。

メジャーリーグの魅力に、僕は取材を通じて肌で触れてきました。翔平の思いはもちろん理解できましたが、ファイターズは彼をドラフト1位で指名しました。将来的なメジャー挑戦を視野に入れつつ、彼の夢を一緒にかなえたい、そのためのお手伝いをどうやってしていくのかを、翔平と彼の両親に説明しました。彼が入団してくれればもちろんファイターズの戦力はアップします。ですが、同じ野球人として夢を実現する手助けをさせてほしいというのが、僕の素直な気持ちでした。

翔平はファイターズ入団を決断してくれました。人の心を動かすのは、簡単ではありません。ならばなぜ、彼は僕らの仲間になってくれたのか。

野球人としての判断だったのかな、と僕は思います。僕と彼ではレベルがまるで違いますが、我々の野球への思いを感じ取ってくれたような気がしました。

プロ1年目から、翔平は投手と打者の二刀流でプレーしていきます。周囲からはたくさんの意見が聞こえてきました。意見などと言うよりは批判と言うべきもののほうが、実は圧倒的に多かった気がします。

プロ野球の常識に照らせば、投手か打者のどちらかに絞ったほうがいい。それは僕も分かっています。けれど、常識に当てはめることがすべて正しいのでしょうか？　そうではない、と僕は考えます。投手でも打者でも超一流になる可能性があるなら、どちらにもチャレンジしていい。「これまでの野球界はこうだから」といった判断基準で翔平を縛らないことが、監督としての僕の責任なのだと強く感じました。

過去に例のないチャレンジですから、それまでにない困難は付きまといます。投手と打者の練習を並行して進めるには、周りの選手に犠牲となってもらうところがあります。自分よりキャリアも年齢も上の選手がサポートをしてくれていることは、翔平も分かっています。お互いに気をつかうあまりに、練習中に微妙な空気が流れたり、ときにはすれ違いが起こったりしました。

選手だけでなくコーチも、様々な意見を持っています。僕に対して「こうしましょうよ」とか「どちらかひとつにしましょう」と言う人もいます。けれど、僕は翔平が二刀流で大成できると信じています。野球界のすべての人を敵に回しても、自分の思いは絶対に曲げない。誰よりも僕が翔平の可能性を信じる。そして、信じ続けています。

翔平自身にも意地があったのでしょう。前代未聞と言われる二刀流で、彼は結果を残していきます。そうすると、チームからも認められていく。プロの世界は才能がものを言いますが、才能だけでは生き残れません。紛《まぎ》れもない努力の成果です。

彼は本当に野球を楽しんでいます。真剣勝負を楽しんでいる、と言ったほうがいいかもしれません。だから、ブルペンでピッチング練習をしていても「バッターがいないので楽しくない」そうです。監督の僕からすれば、「何を言ってるんだよ！」という感じです。ブルペンでしっかり投げておかないと、マウンドでいいボールを投げられないでしょう、と突っ込みたくなります。けれど、「全力で真剣勝負に挑んで、ファンを沸かせたい」というのが、大谷翔平という選手の幹なのでしょう。もちろん、口では「楽しくない」と言っても、きちんと準備はしています。

プロとして実績を積んでいくと、選手は称賛を浴びる機会が増えます。その反面、注意されることが減っていきます。「ここまでは許される」という範囲が、相対的に広くなっていく。そのうちに、本人が自覚できないまま、わがままが通るようになってしまう。

僕自身、頑張った選手は全力で褒めてあげたい。「よくやったな！」と、抱き合って喜びを分かち合いたいぐらいです。けれど、成長過程の選手には、面倒《めんどう》くさいタイプが近くにいたほうがいい。翔平にとっての僕は、そういう存在であるべきだと考えています。彼は頭の回転がとても速く、自分を見失わないタイプですから、取り越し苦労かもしれません。ただ、もし何かおかしなことをしたら、「こらっ、偉そうにしてるんじゃないよ」と言う人が、両親以外にもいたほうがいい。

流してもいい涙

レベルアップの階段を駆け上がっている翔平に比べると、斎藤佑樹《さいとうゆうき》は足踏みをしているような印象を与えるかもしれません。僕が監督に就任する前の2011年にドラフト1位で入団した彼は、16年までのプロ6年で14勝20敗という成績に止《とど》まっています。結果から判断すると、彼自身も周囲も納得できるものではないでしょう。

監督と選手という関係になる以前から、彼とは交流がありました。かつては元プロ野球選手が高校球児に取材をすることができなかったのですが、初めてインタビューが許可されたのが僕で、取材対象は早稲田実業のエースだった佑樹でした。早稲田大学へ進学後も、ほぼ1年に一度のペースでインタビューをしました。彼の成長過程を継続的に見ていくなかで、プロでも絶対に通用する投手だと感じていました。

監督就任1年目の２０１２年に、僕は佑樹を開幕投手に指名しました。ダルビッシュがメジャーリーグへ移籍し、投手陣の編成が大きく変わっていくなかで、悩んだ末に「開幕は佑樹でいこう」と決めたのです。

彼よりも実績のある投手はいました。開幕投手は前年まで3年連続で2ケタ勝利をあげていた武田《たけだ》勝《まさる》だろうと、マスコミ関係者は予想していました。佑樹の開幕投手は驚きとともに報道されましたし、僕自身にとっても大きな勝負でした。ただ、リーグ優勝を目指すのであれば、そういう勝負を打たなければ勝てないというのが僕の考えだったのです。

本人には手紙を渡しました。短く簡単な文面で、「開幕はお前で行く。頼むな」というものです。

僕の目の前で、佑樹は号泣しました。高校3年夏の甲子園で〝ハンカチ王子〟として騒がれてから、彼はプロ野球選手である前に〝ハンカチ王子〟として声援を浴びてきたところがあったと思います。結果を出すことでプロ野球選手として認められたいと歯を食いしばってきたなかで、入団2年目に僕が監督になり、開幕投手に指名された。野球選手としての自分に僕が期待していると感じ取ってくれて、感情が溢れ出したのかなと想像しました。真意は本人にしか分かりませんが、僕の思いは佑樹の心に届いたのかもしれません。

涙は嬉しい、感動した、悲しい、悔しい、といった様々な感情を表します。そのなかで、僕が目的へ向かっていく推進力と考えるのは「感動の涙」です。人との触れ合いのなかで覚える感動は、「自分のことをこんなに考えてくれている」といったように、誰かの行為に心が震えることです。その先に生まれてくるのは、「あの人のために頑張ろう」という強い意志です。これは間違いなく、困難へ立ち向かう力になります。

それとは逆に、「悔し涙」は好きではありません。悔しさのあまりこぼれる涙はありますが、それは人前で見せてはいけないと思います。

悔しさにまみれるのは、自分が物足りなかったからです。人前で泣いている場合ではない。すぐにでも練習しなきゃいけない。それなのに、悔し涙を人前で見せるのは、「結果を残せなかったことを反省しています」という言い訳に見えてしまう。

進歩の大敵は言い訳です。どうして進歩をしていないのかと考えると、最初から言い訳を用意していることが多いのです。

開幕投手を告げられた佑樹の涙は、「感動」によるものだったと思います。チームの思いを「感」じて心を「動」かされ、自分を奮い立たせていった。

埼玉西武ライオンズとの開幕戦では、完投勝利を飾ってくれました。この勝利がなければ、パ・リーグを制することはできなかったかもしれない。それぐらいに価値の高い勝利でした。

プロ入り後の佑樹は、思うように勝ち星を積み重ねていません。マスコミからは「球威《きゅうい》がもう少しほしい」と指摘されています。球速という意味では、佑樹は平均的なレベルかもしれません。その代わりに、彼は勝ちかたを知っています。プロでやっていけるだけの投球術を持っている。それはもう、間違いありません。

ファンを惹《ひ》きつける力もあります。東京ドームで彼をマウンドに送り出した試合で、スタジアム全体をどよめきが駆けめぐったことがあります。ファイターズの本拠地の札幌ドームではなく、ビジターの東京ドームで、です。観客の皆さんが、佑樹を見たいと思っていたのでしょう。それも実は、プロ野球選手の力なのです。

だとすれば、結果が出ていないのは佑樹だけの責任ではありません。半分は僕の責任です。どうしたら、彼は輝けるのか。試合での起用法はもちろん、そもそもどんな役割を担ってもらうのかという方向性についても、僕はもっともっとしっかり考えなければいけません。

２０１７年の佑樹は、プロ7年目を迎えています。大卒でプロに入っていますから、今年の誕生日で29歳になります。僕が引退を決意したのも29歳でした。

佑樹自身も色々と考えています。「このままではいけない」という悩みが深くなっていくタイミングなので、２０１６年のシーズンオフには個人的に話もしました。彼には本当に活躍してほしいし、活躍できる選手だし、活躍しなければいけない選手です。斎藤佑樹という選手をどうやって輝かせていくのかは、僕が答えを見つけなければいけない課題のひとつです。

選手を育てるということ

ファイターズというチームは、破壊と新生を繰り返すところに特徴があります。監督就任2年目の2013年は、それまで4年連続で3割を打っていた糸井嘉男《いといよしお》がトレードで移籍しました。その後も毎年のように、フリーエージェント（FA）宣言による主力クラスの移籍が続いていきます。そのたびに、チームのつくり直しを迫られます。友人や知人、マスコミ関係者から「大変ですよね」とか「大丈夫ですか？」と心配されるのですが、僕は苦労だとは感じません。

若い選手の伸び幅は無限です。磨けば光り輝くダイヤの原石で、すでに出来上がっている選手のような計算はできないけれど、そのぶんこちらの想像を超える成長を遂げてくれます。選手を育てるのは大変ですが、だからこそ楽しいのです。

毎日欠かさず練習をしているのに、なかなか課題が克服できないと、気持ちが挫けそうになる選手もいます。でも、それが普通ではないでしょうか。

パッと練習してパッとうまくなったら、夢がかなったと思えるでしょうか？「やったあ！」という達成感を、心の底から味わうことができるでしょうか？　僕にはそうは思えません。

練習をすればするほどうまくなる、というわけではありません。練習時間と選手の成長は、必ずしも比例しません。それでも、成長を実感できない時間もまた、無駄ではないのです。一歩も前へ踏み出すことができていなくても、足元は固まっていきます。雨や雪に見舞われても、滑りにくくなるのです。簡単にできないから面白いし、挫けそうになるから面白いのです。挫けそうになるぐらい大変なことだから、やり甲斐があるのだと僕は考えています。

プロ野球の世界で、3割バッターは好打者や強打者と評価されますが、違う見方をすると、7割はアウトになっていることになります。プロ野球選手は7割もの失敗に挫けることなく、少しでも打率を上げようと必死になっているのです。

僕がプロ野球の監督になれたのも、挫けそうになって、挫けかけて、打ちひしがれ続けてきたからです。野球選手として一人前になることができなかったという挫折感こそ、僕のエンジンになっています。

シーズン中はもちろんシーズンオフも、選手たちは1軍で活躍するために汗を流しています。彼らの頑張りを目にしている監督が、同じように頑張らないはずがない。

もちろん、うまくいくことばかりではありません。むしろその逆で、うまくいかないことのほうが多い。

そこで、僕が挫けてしまったら——挫けそうになっている選手たちを、助けてあげることができません。2軍でもがき苦しんだ自分の経験を、指導に生かすことができません。

目の前に起こったことに、良いも悪いもないと僕は考えます。たとえば、試合中にミスをしたら、客観的に見ると良くないことでしょう。自分が打つはずなのに代打を送られたら、選手なら「ちくしょう」と思うはずです。少年野球の選手だって、悔しさと腹立たしさを抑えるのが難しいのではないでしょうか。

選手としての気持ちは痛いほど理解できますが、ここでどうやって考えるのかが大切なのです。「ちくしょう」という思いに沈み込むのではなく、「次こそ自分が打つ」と前向きにとらえることができれば、良くないこともプラスになります。

ファイターズは破壊をためらいません。他球団に比べると選手に使えるお金が多くないのも事実です。年俸の高い選手をたくさん抱えることはできないので、若い選手を育てていく。育てなければ、優勝できません。

高校卒業と同時にプロの世界へ飛び込んできた選手も、大卒でプロ入りした選手も、ファイターズでは3年から5年で戦力になってもらいたい。一般企業なら5年、10年というスパンで育てていくのでしょうが、我々のチームにはそこまでの時間的余裕がありません。「破壊」のあとには「新生」がなければならない。選手にとっては大変なプレッシャーでしょう。のんびりと構えていたら、プロ野球の扉が閉じてしまいますから。

中学時代の僕は、プロ野球選手に「なりたい」と思っていました。でも、大阪桐蔭高校からドラフト1巡目でファイターズに入団した中田翔《なかたしょう》に話を聞くと、「中学時代からオレはプロになると信じていました」と言うんです。大谷翔平は高校生で「プロ野球選手」はもちろんのこと、「世界一の選手になる」と思っていたと。だから彼は、高校卒業と同時にメジャーリーグへ行こうと真剣に考えた。「なりたい」と「なる」には、似ているけれど決して交わらない違いがあるのです。

ファイターズの2軍にいる選手たちでも、「1軍で活躍する」という決意を練習にぶつけている選手と、「いつか活躍したい」という願いを温めている選手がいます。いつか……が悪いとは言いませんが、選手の気持ちに火をつけるのは僕の仕事です。目標を高く持って苦しもう、壁にぶつかろう、そしてそれを乗り越えて明日をつかもう、と選手たちを叱咤《しった》激励《げきれい》しながら、僕も彼らと同じような日々を過ごしているのです。

10年ぶりの日本シリーズ優勝

監督就任5年目となった2016年のシーズンに、ファイターズは日本一に輝きました。10年ぶり三度目のチャンピオンフラッグ獲得も、挫けかけて、這い上がって、また挫けかけて、また這い上がるという連続でした。

パ・リーグのペナントレースでは、首位を走る福岡ソフトバンクホークスに6月時点で11・5ゲーム差をつけられました。これほどの大差を跳ね返して優勝したチームは、プロ野球の長い歴史で数えるほどしかありません。この時点でほとんどの野球関係者は、「今年のパ・リーグ優勝はホークスだな」と思ったことでしょう。

しかし、僕はあきらめていませんでした。札幌ドームの監督室の壁に、『真に信ずれば智恵は生まれる』と書いた紙を貼りました。

僕は自分に問いかけます。お前は本当に勝とうとしているのか？　勝とうとしているんだろう？　選手に喜んでほしいんだろう？　選手を信じているんだろう？　それなら、勝つことから逆算していま何をしなければいけないのか、智恵を絞るべきだろう？　甲子園を目指した高校時代に悔しい思いをして、プロ野球選手としても結果を残す意味を痛感してきたお前なら、あきらめちゃいけないことは分かっているはずだろう――？

　ホークスは２０１４年、２０１５年と日本一に輝いています。セ・パ両リーグのチームが対戦する交流戦でも、２０１５年、２０１６年と2年連続で勝率1位の成績を残していました。そのチームに、大差をつけられているのです。追いつくどころか追い越すのは至難の業《わざ》です。だからこそ、ホークスより予算の少ない僕らファイターズが、智恵と工夫で彼らを上回ることができたらそれは本当に嬉しいことです。

　周りから見れば思い込みも過ぎると突っ込みたかったでしょうが、「大きなことをしでかしてやるぞ！」と思いながらたたかっていきました。

　勝てなかったらどうしよう、とは一度も考えていません。11・5ゲーム差が11になり、10・5になり、10になる。毎日、もっと頑張ろうと思える。

7月には球団新記録の15連勝を記録して、ホークスに迫ります。8月末にはついに肩を並べ、パ・リーグ優勝の瞬間を迎えることができました。クライマックスシリーズではホークスに競《せ》り勝ち、日本シリーズでは広島東洋カープを4勝2敗で下しました。2016年10月29日のマツダスタジアムで、僕は日本でたったひとりしか体験できない胴上げ——日本一の監督として宙を舞うことができたのでした。

ファイターズのパ・リーグ制覇《せいは》を、日本シリーズ優勝を、いったい誰が予想できたでしょう。そう考えると、野球の奥深さを感じずにはいられません。ものすごく変な表現になってしまいますが、分かれば分かるほど分からないことが増えていきます。スポーツキャスター時代にインタビューをした長嶋茂雄さんは、「野球というスポーツは人生そのものだよ」と話していましたが、2016年のシーズンをたたかって「本当にそのとおりだ」という思いを強くしました。ひとつの試合でも、長いシーズンでも、色々なことが起こるのです。何と言うか……生き様が形になるのです。

試合展開がハラハラドキドキでも、監督は感情を外に見せてはいけません。とくに自分たちの作戦がうまくいかなかったり、打たれたりエラーが出たりしたときは。

テレビ中継はその瞬間に、ベンチの監督をとらえます。僕の表情が歪んでいたら、ミスをした選手と、テレビで観ている選手の家族を、傷つけてしまう。こちらの意図を上回るプレーを相手にされることもあるので、感情を表に出さない準備はしておきます。

プロ野球選手のレベルは、もちろん高い。けれど、ときには少年野球のような失敗もあります。それはやはり、生き様の表れなのでしょう。

いつもなら考えられないミスが出ると、何か心配事があるのかな、家族や奥さんと何かあったのかなと心配になります。チームは生き物なのです。1軍のベンチには、1試合に25人の選手が入ります。なかなか全員が思いどおりには動いてくれません。

選手の感情は、勝敗によっても揺らぎます。僕は選手起用に一切の感情を挟み込まず、勝つ可能性が一番高いオーダーを選び、選手を代えていきます。その結果としてチームが勝てば、選手も「こういう使われ方になったけど、まあ、しかたがないかな」と納得してくれる。けれど、負けるとまったく違う感情がチームの頭上を覆っていくのです。コーチ同士がギクシャクしたり、選手の心で良くない部分が立ち上がったり。特定の誰かが悪いわけではなく、みんなが責任を果たそうとして足《あ》掻《が》いた結果だから、空気が張り詰めてしまうのです。

そもそも僕は、チームをまとめようとは考えていません。まとめられないけれど、「悪いけどみんな、こっちへ行こうぜ」という感じで、進むべき方向は示します。

それと同時に、ひとりひとりの選手を活躍させることを考えます。みんなが気持ちよくプレーすれば、マイナスの感情が心を占めることはない。活躍すればいい感情が出て、自然とチームの輪が出来上がる。そのために、ひとり残らず活躍してもらおうじゃないか！　と心のなかで大きな声を張り上げます。

野球に限らずスポーツの指導者には、理論と情熱が必要だと言われます。僕自身も理論や理屈はベースだと考えていて、それがなければ何も始まりません。野球に関するしっかりとした理論を持ち、相手が納得できる筋道としての理屈がなければ、選手も、コーチも、僕の指示を聞いてくれないでしょう。プロでも学校の部活でも、一生懸命にやろうとしているなら当たり前のものとして身につけていなければなりません。

理論や理屈が土台としてあるからこそ、違いを生み出すのは情熱であり、魂ではないでしょうか。僕自身、意識的に気持ちを表しています。

2016年の日本シリーズがそうでした。

日本シリーズの前に、僕はクライマックスシリーズでホークスを倒すことに闘志を燃やしていました。レギュラーシーズンでは僕らが上回りましたが、地力《じりき》のある相手です。短期決戦ということを含めても、間違いなく難しいたたかいになる。それでもどうにかして、選手たちを日本シリーズへ連れていかなければならない、と思っていました。結果はそのとおりとなり、パ・リーグ覇者として日本シリーズ出場が決まりました。

実はこの瞬間に、僕はホッとしたんです。「若い選手たちに、日本一を争う舞台を経験させてあげられる」と。

ところが、カープとの日本シリーズで2連敗を喫してしまいます。どちらかが4勝した時点で、日本シリーズは終了です。勝敗はともかく選手に成長をしてほしいと思っていたのに、4連敗したら出場したことさえマイナスになりかねない。

連敗した広島から札幌への移動日に、僕は自分に問いかけました。クライマックスシリーズを勝ち抜いてホッとした気分のまま、オレは日本シリーズに臨んでいるんじゃないか？　そんな気持ちでは勝てるはずがないし、何としてもこの状況からチームを救い出さなければならない。そう考えたときに、感情をむき出しにするほうが選手に伝わるという考えに行き着きました。

人の心を揺さぶるためには、最終的には「熱さ」しかない。理論ではない。理屈でもない。この選手にこうなってほしい、このチームにこうなってほしい、という精いっぱいの心の叫びでしか、人の心を動かすことはできません。

札幌ドームに戻った日本シリーズの第3戦で、僕は感情のすべてを試合にぶつけました。絶えず声を出して、喜びを表しました。それが功を奏したのかは分かりませんが、過去2戦は緊張に縛られていた選手たちがいつもの姿を取り戻していきます。対戦相手の投手が、引退を表明していた黒田《くろだ》博樹《ひろき》だったのも、選手たちが目覚めるきっかけになったかもしれません。「偉大な黒田さんと対戦できる」という現実が、選手としての本能を刺激したところもあったのでしょう。

日本シリーズでは、印象深い場面があります。チーム全員で円陣を組み、僕が選手たちに話をしていると、アメリカ人選手のブランドン・レアードが、必死の形相で僕を見ているんです。日本語は分からないけれど、何かを感じようとしてくれたのでしょう。円陣が解けると、僕に向かって「グッジョブ!」と言うんです。「いやいや、オレの話したことが本当に分かったの?」と思いつつも、「ああ、何かが伝わったのかなあ」と感じました。

「このオジさん、何か必死だな」とか、「何か一生懸命だな」ということが、少しでも伝わればいいんです。イマドキの若者は冷めていると言われますが、ファイターズの選手たちは僕にちゃんと向き合ってくれる。僕の熱を受け止めてくれます。彼らに出会えて本当に良かったですし、自分は幸せ者だと思います。

自分だけの道を生きる

プロ野球選手では珍しい国立大学出身だからか、引退後に大学の教授職に就いたからか、僕は理論的な人間と見られることがあります。探究心は旺盛だなと、自分でも思います。分からないことは知りたいし、知っていることは伝えたい。

コーチに「あの選手はこういうふうに使いたい」と相談されたら、「何でそう思う?」と聞きます。「何で?」とか「どうして?」というのは僕にとって欠かせない思考で、コーチからも意見の根拠を聞き出したい。

ただ、僕の身体を貫いている芯は、論理的ではなく感情的なものです。

僕の「熱さ」は喜怒哀楽《きどあいらく》をすぐに出すような意味ではなく、「魂」で共感したいということです。「その熱さがオレは好きだなあ」といった感じで、ストレートに感動するタイプなのです。本質的には感覚的な人間で、だから、足りない部分として理論を学んでいるのかもしれません。

理論や情熱とは少し遠いところにあるものとして、「運」や「ツキ」があげられます。ピッチャーが完全に打ち取ったはずなのに、ボールの勢いが弱いことが災いして内野安打になる。バッターが完璧にとらえたはずの打球が、野手の正面を突く――野球ではしばしば見られる場面です。それがまた、試合の流れに影響を及ぼすことが少なくありません。

運やツキといった不確定なものに、法則はないのだろうか？　どうして自分たちは、不運に見舞われたのだろう？　「それればかりはしょうがないよ、だって運やツキなんだから」と、誰もが言います。そうした意見に、僕は首を縦に振りません。振れません、と言ったほうがいいかもしれません。

人生の分岐点で、僕は幸運な出会いに恵まれてきました。そこには、必然の幸運と偶然の幸運があったと思っています。目標に向かって努力しているときに、道標を与えてくれる人、手を差し伸べてくれる人が、目の前に現れてくれたのです。

どうすれば必然の幸運が訪れるのか、はっきりとした答えはありません。あえて言うなら「徳」です。人のためにどれだけ尽くせるか、生きられるか、が問われていると思います。ファイターズの監督の僕なら、選手のため、スタッフのために自分のすべてを投げ出せるかです。いつでも、どこでも、どんなときでも、自分にできることはすべてやる。それによって、偶然の運が必然に変わるような気がするのです。

グラウンドを離れても、人に尽くす気持ちを忘れてはいけません。だから僕は、移動中にサインを頼まれるのが苦手です。時間がないという理由で断ってしまったら、幸運を手放してしまうかもしれない、選手の誰かがケガでもしたら大変だ、と考えるからです。

人のために尽くしたい、人のために役立ちたい、というのが僕の行動の出発点です。ただ、自分が「こうするべきだ」と思ったことが、いつも正しいわけではありません。ある人にとってはありがたいことでも、違うある人には迷惑をかけてしまうかもしれない。それでもいい、と僕は考えます。チームのゼネラルマネジャーを務める吉村浩《よしむらひろし》氏のくれた言葉が、僕を勇気づけています。

「監督の言っていることは、全部間違っていますから」

彼とは監督就任前からの付き合いで、僕は彼をあえて「ヨシ」と呼びます。何でも言い合える仲ですが、それにしても監督にそこまで言うか！　と思いませんか？

ヨシはさらに続けます。

「正しいことをやろうとするから難しいのであって、自分はこれが正しいと信じたなら信じた道を行ってください。それは合っていません。間違っているけれど、監督が信じた道ならいいじゃないですか」

僕には最高のメッセージでした。胸のつかえが取れたのです。

翔平の二刀流を積極的にサポートし、ときには彼を1番バッターで起用する。連勝していても、オーダーを組み替える。僕の選手起用や采配には、野球のセオリーからはみ出したものが含まれています。けれど、自分は間違っているのかもしれないという前提に立っているから、ひとりで暴走はしません。コーチの提案を「そんなの関係ねえ」とはねつけたりせずに、きちんと耳を傾けます。周りの声を聞くことで、「本当にこれで良かったのか？」という確認作業を、怠らなくなりました。

そもそも、野球には答えがありません。この場面ではバントで走者を送らせるのがセオリーだけど、盗塁を狙ったほうがいいかもしれない。もちろん成功率の高い決断は求めるけれど、それだっていつも正解ではない。

ヨシはこうも言いました。

「もともと答えのないスポーツなんだから、誰が正しい何が正しいとかいうものでもないでしょう。間違ってもいいですから、命がけで野球を愛してください」

選手としての実績は平均以下で、監督としての能力も足りないことだらけですが、野球を愛する気持ちは誰にも負けません。それだけは自信があります。

プロ野球という国内最高峰の舞台でたたかって感じるのは、野球が好きだという気持ちこそが一番大事なんだということです。

プロの世界で勝負するのは、簡単ではありません。難しいことばかりです。苦しいことばかりです。

それでも、もうすぐ56歳になる自分が、大好きな野球でそれだけ苦しめるのです。

生活をしていくために仕事をするのではなく、心から愛している野球に24時間365日すべてを費やす。苦しみを乗り越えた先にある喜びを、野球を通して全身で浴びることができる。なんて幸せなことでしょう。プロ野球選手に憧れていた小中学生当時より、いまのほうが100倍野球が好きです。

大好きな野球に頭から足先までどっぷりと浸《つ》かって、その結果として選手が、コーチが、ファンが、家族が、笑顔になってくれる。周りの人たちの笑顔を見て、僕の心は温かくなる。こんなにも素晴らしい体験を、僕は野球以外では知りません。

野球と出会えて良かった。ファイターズの仲間たちと出会えて、本当に良かった！

第6章

夢は正夢

限りある人生だからこそ

メニエール病に完治はありません。原因が分からない病気ですから、いつ、どこで襲われるのかは誰にも予知できないのです。平衡感覚をいきなり奪われる恐怖と、治療の苦しみは、記憶から消し去ることができません。

それでも、やるしかないのです。誰だって体調を崩すことはありますし、持病に悩まされている人もたくさんいます。ファイターズの選手のなかにも、慢性的な身体の痛みとたたかっている選手がいます。そう考えていくと、僕の身体が特別なのではなく、むしろ普通なんだと思えるのです。

知人がこんなことを言っていました。

「人間という生き物は、この世にちょっとだけ遊びに来ているだけなんだよ。それで、命という炎を燃やしていくんだ」

地球を巨大な生命体としてとらえれば、人間の一生は確かに「遊びに来ている」ぐらいなのでしょう。足元に視線を落としながらではなく、背筋をピンと伸ばして人生を歩いていきたいものです。好きなことを思いきりやり尽くしたい。そのためには、準備が必要です。好きなことを好きな場所でするために、頑張らなければいけません。学生時代であれば、勉強は将来への大切な準備です。

好きなことを見つけられない人がいるかもしれません。

「僕はオリンピックで金メダルを獲る」とか「私は得意な英語を生かした仕事につきたい」といったクラスメイトに囲まれると、彼らの背中が遠ざかっていくような気持ちになるものです。同じ夢を持つ友だちが自分より先を走っていると、羨ましくて悔しくて、ちょっとやる気を失ったりするかもしれません。

将来の夢や目標が早く定まれば、そのぶんだけスタートも早くなります。けれど、スタートを切れていないからといって、無駄な時間を過ごしているわけではありません。

なりたいものが決まらなければ、何にでもトライすればいいのです。運動神経に自信があるなら、野球をやってみて、サッカーもやってみて、バレーボールもやってみる。それでもコレだ！　というのが決まらなければ、個人競技はどうでしょう。陸上競技もあるし、水泳もあります。バドミントンや卓球なら、個人でも団体でもプレーできる。

　夢や目標へ向かっている周囲を見ると、不安に包まれるかもしれません。それが普通なのです。不安を抱えていない人間なんて、この世の中にひとりもいないでしょう。年齢とか性別とか、立場とか地位とかにかかわらず、誰もが不安なのです。不安な気持ちになる自分を、嫌いにならないでください。周囲と比べないでください。いまこの瞬間も、考えているはずです。どうしたらいいのか分からなくてマンガを読んだり、携帯ゲームをしたりしているときだって、「このままじゃいけない」という思いは消えないでしょう？　「このままじゃいけない」とか「本当にこれでいいのか？」という思いに駆られれば、違う自分を探そうとします。「これでいいや」と現状に満足するよりも、成長できる余地は大きいのです。

　人生経験のある大人だって、実は不安に苛《さいな》まれているのです。僕だって例外ではありません。

　好きなものを見つけることに、期限はありません。やり直しもできます。そして、不安が大きいほど、悩みが深いほど、人は強くなっていきます。不安は人を鍛え、やがて人を動かします。試練を乗り越えるほどに、人は逞しくなっていくのです。

必ずかなえたい夢は、何ですか？

平成生まれの子どもたちには、「公務員になりたい」と考える人が多いと聞きました。プロ野球選手に比べると、堅実で安定した職業です。それだけに、「夢がないなあ」とボヤく大人もいます。僕は少し違う考えです。いいじゃない、頑張れっ！　声援を送ります。そのうえで、「日本一の公務員を目指せ！」と言いたい。

僕にとってプロ野球選手になることは、人生のゴールではありませんでした。夢をかなえるための第一歩に過ぎず、1軍に定着する、レギュラーになる、チームに欠かせない選手になる、といった具体像を思い描いていました。残念ながら力が及ばなかったのですが、一般企業の会社員でも、公務員でも、大切なのは「何がしたいのか」でしょう。「子どもの夢を命がけでかなえたい。自分の趣味も大切にしたい。そのために、生活が安定する教師になって一生懸命に働くんだ！」ということでもいい。「堅実だなあ」などとは思わないし、むしろカッコいいと思う。

2016年の夏に、台風が何度も北海道を襲いました。農家の皆さんの苦労と苦悩は、はかりしれないものがあったと思います。わが子のように慈《いつく》しんできた農作物が、自然の猛威《もうい》によって出荷できなくなってしまったのですから。

悲しみに暮れる北海道の人たちのために、僕らファイターズは何ができるのか。何をしなければならないのか。野球で頑張ることです。ゲームの序盤で大量得点差をつけられても、最後まで全力でたたかい抜く。明日のことを考えるよりもまず、今日を必死に生きる。台風の被害に遭われた方々に比べれば、野球で苦しんでいるなんて口にできるはずがありません。

ボールに食らいつく選手たちを目にすると、僕は「カッコいいなあ」と思います。「ファイターズの選手たちは高校球児みたいだ」と言われることがありますが、これはもう僕にとって最高の褒め言葉です。濁りのない水のような純粋さを忘れずに、野球に打ち込んでくれているのですから。

髪の毛を茶色に染めたり、試合中にガムを噛んだりするスポーツ選手がいます。ファイターズにもそういう選手がいて、野球界のOBの方々から「だらしない」とお叱りを受けます。「監督がちゃんとルールを決めなさい」と指摘されたりもしますが、大切なのは「何がカッコいいのか」だと僕は思うのです。

自分にとって「カッコいいこと」と「カッコ悪いこと」は、人それぞれの価値観に委《ゆだ》ねられます。髪の毛を染める、ガムを噛むことが「カッコいい」と思っている選手を「やめろ」と押さえつけても、本人は納得できないでしょう。自分からやめようと思わなければ、陰でコソコソと同じことを繰り返します。

自分にとっての「カッコ良さ」は何なのかを考えてほしい。

制服を着崩すことがカッコいいのか。髪の毛を気にすることがカッコいいのか。外見を気にしたくなる気持ちは、僕にもよく分かります。けれど、カッコ良く見られることがあなたの夢ですか？　人生の目標ですか？　違うはずです。

僕自身の体験を明かせば、本当に野球で輝きたい、キラめきたいと考えていたので、周りの視線は気になりませんでした。野球がうまくなることが、僕にとってのカッコ良さだったからです。

周りから見るとダサくて、ヤバくて、泥臭くて、カッコ悪くて、空気を読まなくて、ひょっとしたら他人に迷惑をかけているのかもしれないけれど、自分はそれでもいいんだ、とにかくこの道をひたむきに突き進んでいくんだ、という気持ちを持ち続ければ、つまり夢や目標をあきらめなければ、その思いはやがて形になります。

道に迷いそうになったときは、周りの人たちがきっと手を差し伸べてくれます。

自分なりの「カッコ良さ」を追い求めていくと、その姿に共感してくれる人が現れて、思いがけない出会い——幸運が訪れます。身体が小さくて才能に恵まれたわけでもない僕がプロ野球選手になり、監督にまでなることができたのも、一緒に夢を見てくれる友人や知人がいたからです。自分ひとりでは、何もできなかったでしょう。

友人や知人は、なぜ僕を気にかけてくれたのか？

自分の夢を、両手で大切に扱ってきたからだと、僕は思うのです。

カッコ良く生きよう

日常生活で、不便を感じることがありますか？　買い物でも、食事でも、通学でも、日本は何をするにも便利です。その代わりに、大切なものが見えにくい時代になっている気がします。

たとえば、「今日の夜ご飯は何を食べようか？」と聞かれたとします。「何でもいいよ」と答えていませんか?

どうして「何でもいい」と思うのか? お寿司でも、お肉でも、お魚でも、ハンバーガーでも、ラーメンでも、日本では何でも食べることができるからです。何でも食べられるし、それなりに美味《おい》しいから、何でもよくなる。

食事だけではありません。友だち同士で「何をして遊ぶ?」となったときも、「何でもいいよ」という反応が見られます。ファストフード店へ行く。スポーツをする。携帯ゲームをする。お小づかいに余裕があったら、映画を観に行く。遊びかたはいくつもあるので、「何でもいい」となってしまうのでしょう。

冬の寒さが沁《し》みる日なら、僕はラーメンが食べたくなります。スープをすすると、身体が内側から温まっていく。ホッとする美味しさがある。ラーメンより高価な食事はいくらでもあるけれど、寒さで冷え切った身体には、ラーメンこそが最高のごちそうなのです。

何をするにも便利で快適な日本では、美味しい、嬉しい、楽しい、悲しいといったことが分かりにくくなっている気がします。美味しくなかったら違うものを食べられるし、つまらなかったら違うことができますから。

便利さというのは、必ずしも心の豊かさにはつながらず、むしろ、大切なものを見えにくくしてしまうところがあるのです。それだけに、これからの時代を生きていくときは、楽しいもの、嬉しいものを、自分からつかみに行かなければいけなくなるでしょう。自分から夢をつかみに行くモチベーションとして、自分なりの「カッコ良さ」を大切にしてほしい。そうすれば、「何を食べる?」と聞かれても、「何でもいい」とは答えなくなるのでは、と思います。

僕もまだ、夢の途中

僕自身もまだまだ、夢を追いかけています。

たくさんの夢があるなかで、たとえばひとつ。大谷翔平を、「世界一の野球選手」にすることです。マンガやアニメといった非現実の世界でしか考えられなかった二刀流を、翔平は自分のものにしつつあります。マンガのスーパーヒーローが、現実の世界へ飛び出してきている。

彼には「アメリカへ行こう、メジャーを変えよう」と話してきましたが、メジャーリーグが二刀流を認め始めています。翔平なら世界一の選手になれるし、大きな野望を抱いてプレーしている彼はキラめいている。彼の一番のファンとして、翔平の夢を実現させてあげたい。そのための責任を果たすのだ、と心に太い文字で書き込んでいます。

翔平ひとりではなく、それぞれの選手と一緒に追いかける夢があります。4番バッターの中田翔には、早く三冠王を獲ってほしい。打率、打点、本塁打のすべてでリーグトップの成績を残す力が、彼にはあります。

僕自身の夢は……野球の素晴らしさを伝えていくことです。野球は人生の縮図です。正解のないことばかりです。難しい。本当に難しい。だから面白い。挫けそうになりながらみんなで力を合わせていくところに、野球の魅力があります。

監督を引き受けてからの5年間は、あっという間でした。1年か2年しか経っていない気がして、もう5年かという感じです。

その間に、僕は成長できただろうか。物足りません。壁にぶつかっている選手を助けるために、ひとりひとりの選手をもっともっと生かすために、心に届くアドバイスができるようにならなければと思います。

言葉は石ころにも宝石にもなります。石ころのように蹴飛ばしてしまうのか、宝石になるように磨くのかは、本人の受け止めかた次第です。大切な助言を聞き逃したり、聞き流したりしないように、僕は勉強を続けなければなりません。

55歳になっても、学ぶことは尽きません。分からないことだらけです。だから、人生は面白いのでしょう。

みんながファイターズの試合を観て、「自分も頑張ろう!」と思ってくれるために。僕はこれからも一生をかけて野球を愛し続けていきます。誰にも負けない熱を、野球に注ぎ込んでいきます。

そして――瞼《まぶた》を焼くような熱い涙がこぼれる試合を見せていきます。

おわりに

この本で僕は、自分のことを正直に綴《つづ》ってきました。

やはり、人生のほとんどの時期が不安に満ち満ちていたのだと、改めて実感します。

２０１６年、はっきりと分かったことがあります。

すでに何度も書きましたが、ペナントレースで首位のホークスにあれだけ離されながらも、ファイターズの選手たちは最後に勝ち切りました。人間はあきらめずに頑張り続けると、こんなにもすごいことができる。いや、できることがあるのだということを、僕はこの歳になって教わったのです。

もちろん、いつもこんな結果にばかりなるわけではありません。でも少しでもあきらめたら、可能性は１００パーセントなくなってしまいます。だからこそ、不安を感じたあとに、自分を信じきって前に進む。これだけがチャンスを生み出すたったひとつの方法なのです。それまで自分が考えていたことを、このとき身体いっぱいに感じることができたのでした。

不安が大きいということは、実は裏を返すとそれだけ可能性が大きいということなのです。不安な思いが迫ってきたら、可能性の幅が、成長の幅が大きいからこそ、いまはそんな気持ちになるということだけは、ぜひとも知っておいてほしいのです。

・

いま、ファイターズの選手たちにひとつ求めているものがあります。

「自分との約束を破る人間くらい、くだらない奴はいない」

これは、僕が自分に一番言い聞かせているものでもあります。

周囲に認められない怖さ、仲間外れになる怖さは、実は大人になっても誰もが持っているものです。だから、僕たちは周りに流されてしまうことがあります。

では、自分が逆の立場になったとき、どんな人に好意を持つでしょう？

自分で考えて、信じていることを、いつも周囲に惑わされずやっている人に、僕は惹かれます。素敵だな、と思います。だから、自分で決めたことぐらいは頑張ってやってみようとしています。

これは誰も見ていない、誰にも気づかれないという約束でも、守っているか、破ってしまったのかは、自分なら分かります。破ったときは心が痛みます。とても苦しい。だから、そうならないようにまた、我慢して頑張ってみる。自分との約束を守ったときには、喜びが得られます。小さなものかもしれないけれど、その喜びは自分自身に対しての大きな自信につながっていくのです。

この年齢になっても、僕はそうやって前へ進む材料を自分でつくっています。監督である僕が成長しなければ、選手たちのためになってあげられないのです。

不安になることは悪くない。でも、その気持ちや思いをそのままにしておくのはよくない。自分で少し考えて、少し頑張ってみる。それによって、不安が消えていきます。

そうなったときの気持ちを想像してください。自分で解決の道を探して、結果を出したら……本当に嬉しい気持ちになるはずです。

そういったことの繰り返しが、色々なものへの取り組み方につながっていき、やがてはそれが自分の習慣となり、頑張りの源が出来上がっていくのです。

何でもできる、夢はこれからいくらでも正夢にできるのです。

心配しないでください。いまはまだ自分が行こうとする道が見えなくても、行く道を探す真っすぐな気持ちがあれば、必ずいくつかの道（方向性）に出会えます。

焦らないで行きましょう。

そして、いま生きているこの社会には不安がいっぱいだ、と感じているかもしれませんが、世の中は捨てたものではありません。楽しいこと、感動すること、嬉しいことが、たくさん、たくさん待っています。素敵な思いを、たくさんしてください。

さあ、自分を信じ不安を捨てて、自分らしく進んでいってください。自分だけの人生を、思いきって歩み出しましょう。

迷ったときは、前に向かって全力で走ってください。

信じています。心から応援しています。

栗の樹ファームにて　栗山英樹

文庫版あとがきにかえて——語り下ろしメッセージ

単行本の『栗山魂』は、中学生を想定読者としたものでした。

僕の人生は、失敗と挫折の連続です。つまずいたり、転んだり、ひざまずいたり、倒れ込んだりしてばかりです。それでも、ありのままの自分をさらすことが、これから様々な選択をしていく世代の人たちのヒントになるかもしれない——。

『栗山魂』は、そんな思いを込めた一冊でした。

担当編集者によれば、中学生だけでなくかなり幅広い年齢層に読んでいただけているそうです。1961年生まれの僕と同世代のビジネスマンにも届いているので、「文庫本のあとがきは大人向けのメッセージにしませんか」との提案を受けました。

さて、何をお伝えすればいいのだろう。あれこれと考えましたが、僕はいまでも失敗と挫折を繰り返しています。感情のこもっていない着飾った言葉を並べたてるのではなく、単行本を書いたときと同じように等身大の自分で読者のみなさんと向き合っていくことにしました。

つい数日前に、『こどものための易経』（致知出版社）という本を買いました。易経はおよそ五千年前の中国で生まれ、世界でもっとも古い書物と言われています。

最初はなかなか理解できませんでした。補助資料として解説のＤＶＤにも頼りながら読み進めていくうちに、眉間のしわが消えていきました。遠征先のホテルの部屋で、北海道の自宅で、何度「面白い！」と口に出したことか！

易経に書いてあるのは様々な知恵であり、物事の解決方法です。言ってみれば人生の本質にあたるものに、五千年も前に気づいていた人がいる。これは本当に驚きでした。人生の本質は昔もいまも変わることはなく、対処法が時代に応じて変わっているだけなのだ、ということに思い当たりました。

色々なことを知りたい、という欲求は尽きません。

北海道日本ハムファイターズというプロ野球球団の監督を任されているものの、野球人としての僕は輝かしい実績を残してきたわけではありません。選手を生かす、組織を生かすためには、日々学んでいかなければいけない立場です。追い込まれているから色々な本に当たってきたのですが、ここ最近はちょっと変わってきました。

これまで僕は、目標を達成するために学んできました。ライバルに勝ちたい、もっといい仕事をしたい、といった動機が、僕を衝き動かしていました。小さな欲があったわけです。誰かに評価されたい、という願望もあったと思います。

目的があるから学ぶのは、いまでも変わりません。ただ、学びそのものが人生には必要なのだと、考えるようになりました。学びを通して自分が一歩でも前へ進めば、その結果として誰かの力になれるかもしれない。人が喜んでくれれば、もちろん嬉しいし、楽しい。ただ、自分自身が喜びを感じることこそが、学びの本質ではないのだろうか、と感じるようになってきたのです。

61年4月生まれの僕は、18年10月現在で57歳です。この年齢になっても新しい何かを知ることが本当に嬉しいと思っている自分が、ちょっといたりするんですね。だから僕は、年齢を重ねることが楽しい。たくさんのことを知ることができて、「ああ、こういう考えかたがあったのか」という気づきがあるからです。

僕が手にする本のなかには、かなり変わったものもあります。小学生のころに読んだ偉人の物語を、読み返したりもします。

再読には発見があります。知らなかった逸話に触れたり、忘れていた事実を思い起こしたりできる。二宮尊徳の物語を読んだら、「この人はすごい！」と感嘆しました。

二宮のように歴史に名を残した偉人の生き様には、現代を生きる僕らにも参考になるメッセージが込められています。彼が教えてくれる人生訓を少しでも生かすことを、僕らは心がけるべきだと思うのです。自分が生かすだけでなく、自分以外の誰かに生かしてもらうことも。僕の場合はそれが、ファイターズの選手たちになります。

江戸時代末期の志士にして思想家の橋本左内は、著書『啓発録』のなかで「去稚心」を説いています。「幼さを消しましょう」ということです。

僕はこの年齢まで未婚で、子どもを育てた経験がありません。「親」ではない僕には、幼さが残っているとの自覚があります。僕という人間の大きな欠点です。

僕が抱える幼さは、年齢的、立場的に表出しにくい。プロ野球チームの監督ですから、ものすごく抑制が働いています。

ひとつの決断をするにしても、そこに「私利私欲、私心、好き嫌いが入っていないか」と問い正す。それが思い浮かぶのは、僕からすれば幼いことの証しです。最初からそういったものを取り除いて、きっちり判断できる人もいるはずですから。

ただ、幼さが残っているからなのか、ファイターズの選手たちを頭ごなしにしかることはありません。「5年後、10年後には必ず自分よりいい選手に、いい人間になってくれる」と信じることができます。

選手を信じて成長を待つのは、甘やかすこととは違います。甘えや幼さは、成功の阻害要因になることが多い。

プロ野球の世界には、入団1年目から1軍で活躍する選手がいれば、なかなか1軍に上がれない選手もいます。けれど、監督である僕が5年後、10年後に大成功するイメージを持っていれば、ミスをしても「てめえ、この野郎」などとは言わないはずです。「なんでそんなこともできないんだ!」と、子ども扱いはしなくなる。

会社も同じでしょう。上司と呼ばれる立場の方は、部下との関係がうまくいかないとか、部や課といった組織の運営が難しい、といった悩みを少なからず抱えていると思います。大切なのは「5年後、10年後の道筋」を、見通すことではないでしょうか。部下の成長や組織の成熟から逆算して考えれば、その場しのぎで甘やかすことはないでしょう。

……と言いつつも、選手との接し方については、僕もいまだに色々な本から学んでいます。甘やかさないことと敬意を払うことのバランスは、とても、とても難しいと感じます。

ここ1、2年は、意識的に厳しい態度で臨んでいます。「大丈夫だよね」といった感じで、優しく接するのは楽です。厳しい物言いをするには、それなりの覚悟が必要ですから。

選手は僕が憎いかもしれない。けれど、いつか必ず僕の意図に気づいてくれる、という思いで接しています。5年後、10年後、20年後の彼らを想像して、敬意を忘れずにいれば、言葉や接し方だけでなく僕の願いも変わってくるのかな、と。願いがかなう可能性が、ちょっとでも高くなるのかと思います。

若者の気質を理解するのは、いつの時代も難解なテーマと言われます。僕自身も理解しようと努めていますが、果たして本当に理解できているか……。

若者の感情表現は変わってきました。僕が10代や20代の年齢だった当時は、目上の人に対して「嫌です」とは言いにくい空気がありました。不平不満があっても、

「はい」と答えていたものです。

ファイターズの選手たちと接している僕は、違った反応に出合います。彼らは喜怒哀楽を表情に出す。「それは出しすぎだろっ」と突っ込みたくなることもありますが、子どもを持つご両親はもっと生々しい感情をぶつけられても必死に向き合っている。だとすれば、「イマドキの若いヤツは……」と思った瞬間に僕は監督として失格で、自分を否定していることにもなる。

人間は誰しもいいものを持っています。優しさ、素直さ、思いやりなどを心に宿している。逆に、本当に環境が悪くなって苦しくなったら、何でもしてしまう怖さも内包している。

そういう考えから出発する僕は、人間の良さが存分に引き出される環境作りに励みます。剝き出しの感情を目の当たりにして「この野郎」と思うのではなく、どんな不平不満があるのかをはっきりさせる。僕が解消すべきものは対処して、選手本人が自分で越えなければならない壁は自己解決させる。自己解決すべきテーマに僕が手を出すのは、選手のわがままを許すことになります。

僕だって人間ですから、感情の起伏はあります。グラグラと揺さぶられもする。

けれど、監督という仕事に感情を持ち込む余地はない。

感情に引っ張られた行動を避けるために、僕は心を耕します。朝起きたら、「人間として生かしてくれてありがとう」と声に出して言ってみる。声に出さないまでも、考えてみる。そうすると一度、心が整う。生活に追われてばかりいると、感情に引っ張られてしまうのです。

僕らは人間に生まれることを、自分で選んだわけではない。ひょっとしたら、クワガタに生まれていたかもしれない。そういう思いを持っていれば、何事もうまくいきやすいのかなと考えています。

自分はうまくいっている、とは言えません。うまくいかないことが多いから、自分の形を作ろうとしているのです。

プロ野球選手を目ざしていた当時も、実際にプロになってからも、「天才」と呼ばれるような選手が羨ましかった。プロ入り後にコーチから「才能や実績のある選手が、成功しないパターンも多いんだぞ」と聞いても、僕の頭には疑問符がいくつも浮かんだものです。ホントにそうなの、と疑いました。

僕は人格者などではありません。スポーツも勉強も、決して秀でてはいなかったというのが自己評価です。だから、自分には能力がないことを認めて、最後まで粘って、粘って、何かひとつの形にするしかない。周囲のアドバイスを受け入れる度量も、能力の無さを補う助けになりました。

苦しみから抜け出すには、自分でやるしかない。能力がないことで、僕は努力する才能、頑張る才能に目覚めることができた――それは、この年齢になって気づいたことです。若い人に知ってほしい人生の道標かもしれません。

ファイターズの監督になって、18年で7年目になります。実績も能力もない自分は、プロ野球界では「異分子」と言っていい存在です。

けれど、天賦の才に恵まれた人たちしかいない世界は、「やっぱりプロは別世界だ」というひと言でまとめられてしまいます。僕のようなタイプがいることが励みになり、頑張るきっかけになったら嬉しいな、と思います。もちろん僕も、野球を愛する気持ちだけは、絶対に誰にも負けません。

ところで、ごくまれに器量のある人間が度量も持つことがあります。

大谷翔平はそういうタイプですね。野球がうまくなることのほうが、お金なんかよりよほど大切なんです、と本気で言い切ることができる。僕らとは違う価値観を持って生きている。世の中を変えてきたのはそういう人たちで、翔平が二刀流に挑戦しているのも納得できるところがあります。

57歳の僕は、人生で一番と言っていいぐらいに勉強しています。そこにはちょっとした後悔もあり、おそらくは同世代の方が40歳ぐらいで感じたことを、僕はこの年齢で感じ始めている気がします。もっと早くにいまみたいな感覚を持てていたら、違う人生になっていたかもしれない。

そうは言っても、失敗を繰り返していかないと気がつかないことはある、とも感じます。人生の本質的な意味を理解するには、それなりの時間とか経験が必要なのだろう、と。

監督という仕事には固執していません。明日辞めることになっても納得できるように、日々の仕事をやり尽くしてきました。

監督を辞める日が訪れたら、仕事をするつもりはありません。そこから先は恩返しの時間で、僕が果たすべき使命に情熱と時間を注ぎたいと考えています。

定年後の生きがいを見つけられない人がいる、と聞きます。大企業で勤め上げた人は、ビジネスマン当時の肩書きから抜け出せない、とも。

肩書きを気にするのは、自分と他人を比較するからでしょう。他人を羨み、自分を嘆くのは、人生の本質ではありません。

あなたの人生は、あなただけのものです。

何をするのかはあなた次第で、興味の対象を見つけた、新しい知識を身につけた、というサイクルを作り出せば、自分の役割は必ず生まれる。家庭にも社会にもあなたの居場所を見つけられるでしょうし、周囲からは素敵な生き様として映るはずです。

興味の対象を見つけるきっかけは、「へえ」ではないでしょうか。

それまで知らなかったことに触れると、僕ら人間は「へえ」と感心したり、驚いたりする。最近の僕にとってはそれが「易経」であり、二宮尊徳であり、橋本左内の『啓発録』でした。「こんな人がいたのか、すごいじゃないか」と思わせてくれる人々の多くは、恵まれない境遇で何か大きなことを成し遂げている。何不自由なく過ごすことができている自分が、命を燃やさないのはもったいないと感じるはずです。「へえ」を重ねていけば、絶対に何かが見つかる。行動へつながります。

僕の使命はなんだろうか、と考えます。「日本を世界一の国にしたい」とか「北海道を世界一の都市にしたい」などと大きすぎる志を抱いてもいますが、現実的にはたったひとりでいいから「ありがとう」と言ってもらいたい。それぐらいなら僕にもできるし、それぐらいしか僕にはできません。

栗の樹ファームでカブトムシやクワガタを繁殖させて、子どもたちに喜んでもらう。ホタルが放つはかなくもうっとりとする輝きを、ずっと絶やさずに残していく。芝生をきれいに刈って、気持ちよく寝そべってもらう。それが僕の果たすべき使命で、たったひとりでもかけがえのない時間を、忘れがたい瞬間を過ごしてくれたら、僕にとっても大きな幸せです。

プロ野球は人に夢や希望、勇気や元気を与える仕事です。多くの人の眼に止まりやすい仕事と言えるでしょう。けれど、僕自身の思いはひとつだけです。ファイターズで野球をやってよかったと、選手たちに思ってもらう。ただそれだけのために、僕は日々格闘しています。

文庫化された本書を手に取ったみなさんが、「栗山は失敗ばかりだなあ」とか

「僕ならこうやる」と思いながら、自分の人生を一歩でも前へ進めてくれたら嬉しい。誰かの役に立つことができるなんて、これほど素晴らしい体験はないのですから。

北海道日本ハムファイターズ監督　栗山英樹

解説「善意は連鎖する」

堂場瞬一

日記をひっくり返してみたら、栗山さんと初めて会ったのは二〇〇九年十一月だった。当時の担当編集者が、某テレビ局との会合をセッティングして、その場に顔を出してくれたのが最初である。

言葉を交わしてまず思ったのが「テレビの人らしくない」だった。

まあ、正直に言えば、テレビ業界の人というのは調子がいい。調子がよくなければいい番組は作れないのだろうが、文章の世界で生きている私からすると、つき合うのはちょっとしんどいな、と感じる人は少なくない。

しかし栗山さんは、礼儀正しい上に真摯な人だった。しかも人の話を聞く術に長けている。あの業界にありがちな、人を押しのけてくる感じが皆無だったのである。

そして語り口の熱さ……「スポーツキャスター」を絵に描くとこういう人になるの

だな、と思った。同時にスポーツにおいては「こちら側」の人だと認識した。プレーする側ではなく取材する側。何しろ栗山さんは、一九九一年からスポーツキャスターを務めていたわけで、この時点でも既にベテランキャスターと言ってよかったわけだ。

その後も何度か会っているが、話が尽きずに、いつの間にか四時間が経っていたこともあった。

後にテレビ局の人が「栗山さんは、自分一人でもどんどん取材に行くからね」と教えてくれた。お膳立てされたことだけに乗るのではなく、自ら積極的に現場に足を運ぶタイプだというのだ。これ、大事なことだし取材の基本だけど、やり続けるのはしんどいんですよね。

この時期には、「何かテレビの仕事を一緒にできないか」という話をしていた。栗山さんの番組で、スポーツ小説を紹介するようなコーナーが作れないか、とか……実現こそしなかったが、自ら企画を語る栗山さんの熱い口調は、今でも記憶に残っている。

その後は対談をお願いしたり、文庫の解説や、通算百冊刊行の際に出版した「文藝別冊」の私の特集号に寄稿をお願いしたりなど、こちらから一方的に甘えるばかりのつき合いが続いた。

その栗山さんと最後に直接会ったのは（嫌な書き方だが）二〇一一年四月だった。東日本大震災の直後、雑誌『Number』の仕事で、仙台で行われた東北楽天ゴールデンイーグルスの開幕戦を取材に行った際、放送席にいるのを見つけて呼びかけ、思わず手を振った。気づいた栗山さんが、「何でこんなところにいるんだ」と驚いたような表情を浮かべたのをよく覚えている。いや、これはどうしても観ておかなくてはいけない試合だったんですけどね。

栗山さんはその年の秋、ファイターズの監督に就任した。勝手に「こちら側」の人だと思っていたのだが、「向こう側」へ行ってしまった……今後は気楽に会うことはないだろうな、と寂しい思いを抱いたものだ。

そして驚いたことに、栗山さんはあの爽やかな笑みを捨てた。その後テレビで見る顔は、ほぼ厳しいもので、まさに勝負師のそれになっていた。

これが私には謎だった。栗山さんの人生を（勝手に）分類すると、野球少年からプロ野球・ヤクルトで活動した時期までが「第一期」、キャスター時代が「第二期」

と言える。この第二期は二十年にも及び、第一期とほぼ同じ長さなのである。つまり、「向こう側」へ戻って指導者としての「第三期」に突入するのに二十年ものギャップがあったのに、実に簡単に「向こう側」の表情を取り戻していた。極めて稀有な例だと思うが、どうしてこういうことになったかは、この本を読むと明らかになる。

栗山さんの前半生は、昭和の野球少年そのものである。

長嶋茂雄に憧れ、父親が監督を務め、三歳年上の兄が所属するチームで本格的に野球を始める。中学ではバレー部に入るものの、膝を痛めて断念。改めてポニーリーグのチームに入って野球を再開する。この時に、何と戦後を明るく照らし出したと言われるプロ野球の大ヒーロー、大下弘（対戦チームの監督だったと思われる）と出会い、声をかけられている。この頃の憧れの選手は、三歳年上の原辰徳氏。これも七〇年代に中学・高校時代を送った野球少年たちには共通の思い出ではないか。必ずしも強豪チームではない高校・大学を選んだのは、将来を考えて欲しいという家族の願いもあったからだが、同じような問題に直面した野球選手は少なくなかっただろう。

栗山さんは結局、東京学芸大を経てテストでヤクルト入りするのだが、この辺の話は手の届かない「夢」をリアルな「目標」にするために足掻く若者の苦闘の物語である。他の選手に比べれば体格的に劣るし、甲子園出場経験なし、本人いわく「野球部というより同好会のような雰囲気」の大学で、やれることには限界もあった。しかし何とかプロの世界で活躍することを目指して必死に努力する——その過程で栗山さんを助けたのが、人の縁である。

高校の監督、ヤクルト時代の二軍の内藤博文監督、一軍の土橋正幸、関根潤三両監督やベテランの域に達していた大打者・若松選手との関係。栗山さんが素直に心を開くことで、「こいつを何とかして引っ張り上げてやろう」と一肌脱ぐ人が出てくるのだ。この辺、スポーツの世界だけではなく、どんな仕事でも共通する「理想的な若手」の態度ですね。変にひねくれたり、理論武装したり、突っ張ってきたり……そういう若者にわざわざ手を貸そうとする人はいない。栗山さんがいい意味での「人たらし」だったことが分かるのだ。もちろん、栗山さん自身にはそういう意識はなかったと思うが。あったら、大人は簡単に見抜きますよね。

メニエール病という厄介な病気のせいもあって、栗山さんは二十九歳で早い引退を余儀なくされ、その後はより多くの人が知る「キャスター・栗山」の誕生となる。「2017年なら同じ仕事にありつけなかったでしょう」と述懐するが、これは謙遜ではないだろうか。テレビの画面で栗山さんを見た人は、誰でも同じ印象を抱いたと思う。適材適所——大袈裟に言えば、プロ野球出身のキャスターでは、佐々木信也さんに匹敵する人材だ。ちなみに本書では、その佐々木さんとの意外な接点が描かれ、偶然にびっくりさせられる。

実は本書では、キャスター時代の記述が少ない。「こちら側」にいた時代の栗山さんの話をもっと知りたいものだが、この辺はもう少し時間が経ったら、私が直接取材してみましょう。

結局栗山さんは、「第二期」の時代を含めてずっと野球少年（これは最高の褒め言葉です）だったのだと思う。今は厳しい監督の表情が板についてきたものの、未だに残る野球少年の面影を見る度に、私はかすかな羨望を抱くのだ。こっちは、変わらずには生きてこられなかったのに……。

こういう事情を知ると、「二刀流」に挑戦し続けて大リーグへ旅立っていった大谷翔平の夢を、栗山さんがどうして後押しし続けたのかが理解できてくる。苦闘する斎藤佑樹を何故信頼して支えるのかもうなずける。これは、世代を超えて延々と続く夢の物語なのだ。夢を叶えたい若者がいる。限界に挑むような努力もしている。だったら黙って背中を押してあげるのが大人の役目ではないか――大人というのは厄介なもので、「前例がない」「(自分ができなかったから)無理に決まっている」と若い芽を摘んでしまうのもありがちな話だ。しかし、自分が夢を実現するのを助けてもらったのだから、今度は後輩を助けよう、と考える大人もいる。それが美談として取り上げられてしまうのが、日本のスポーツ界が抱える問題かもしれないが。

スポーツの世界、しかもレベルの高いプロスポーツの世界では、綺麗事で済まされないことも多い。プライドの問題も金の問題もある。それ故、暗い側面は否定できないのだ。最近、スポーツ界を巡る暗いニュースがとみに目につき、失望している人も多いだろう。私もその一人だ。実際、スポーツ小説を書いていても、単純に盛り上げて感動させるような持っていき方ができない。何だか嘘っぽく感じられてしまうのだ。

しかしその一方で、「後輩を何とかしてやろう」「自分が持つものを伝えよう」という善意の気持ちが強いのもスポーツの世界なのだ。本書はいわば、こういう「善意の連鎖」のよき見本である。スポーツ絡みの嫌なニュースで暗くなった時にこそ、本書を手に取ってもらいたい。

（作家）

本書は二〇一七年三月に小社より刊行された
『栗山魂』(「14歳の世渡り術」シリーズ)を
『栗山魂　夢を正夢に』と改題し文庫化したものです。
文庫化にあたり、「文庫版あとがきにかえて」を加えました。

構成　戸塚啓

夢《ゆめ》を正夢《まさゆめ》に
栗山 魂《くりやまだましい》

二〇一八年一〇月二〇日　初版発行
二〇二三年 四 月三〇日　2刷発行

著　者　栗山英樹《くりやまひでき》
発行者　小野寺優
発行所　株式会社河出書房新社
〒一五一-〇〇五一
東京都渋谷区千駄ヶ谷二-三二-二
電話〇三-三四〇四-八六一一（編集）
〇三-三四〇四-一二〇一（営業）
https://www.kawade.co.jp/

ロゴ・表紙デザイン　粟津潔
本文フォーマット　佐々木暁
本文組版　KAWADE DTP WORKS
印刷・製本　中央精版印刷株式会社

Printed in Japan ISBN978-4-309-41640-3

消えた春　特攻に散った投手・石丸進一

牛島秀彦　47273-7

若き名古屋軍《中日ドラゴンズ》のエースは、最後のキャッチ・ボールを終えると特攻機と共に南の雲の果てに散った。太平洋戦争に青春を奪われた余りに短い生涯を描く傑作ノンフィクション。映画「人間の翼」原作。

永遠の一球

松永多佳倫／田沢健一郎　41304-4

プロ野球選手となった甲子園優勝投手たちの栄光と挫折——。プロ入団時の華やかさとは対照的に、ひっそりと球界を去った彼らの第二の人生とは？　愛甲猛、土屋正勝、吉岡雄二、正田樹ら七人の軌跡！

松坂世代　マツザカ・ジェネレーション

矢崎良一　40819-4

一九九八年夏の甲子園で日本中を熱くした、奇跡のような若者たちのその後。「最強の世代」といわれる彼らは、松坂大輔とあの夏の体験を追いかけ、それぞれの栄光と挫折を体験する。その生き方を追った感動の書。

ドラフト外　這い上がった十一人の栄光

澤宮優　41260-3

多くを期待されずの入団だが、自らの可能性と技を磨いて這い上がった、島田誠／平野謙／石井琢朗／長嶋清幸／基満男／上川誠二／松本哲也／野口寿浩／大野豊／清川栄治／加藤初の野球人生。

戦火に散った巨人軍最強の捕手

澤宮優　41297-9

戦前、熊工の同期川上哲治とともに巨人に入団し、闘魂あふれるプレーでスタルヒンやあの沢村をリードした、ナイスガイ吉原。その短くも閃光を放った豪快なプロ野球人生と、帰らざる戦地の物語。

優雅で感傷的な日本野球

高橋源一郎　40802-6

一九八五年、阪神タイガースは本当に優勝したのだろうか——イチローも松井もいなかったあの時代、言葉と意味の彼方に新しいリリシズムの世界を切りひらいた第一回三島由紀夫賞受賞作が新装版で今甦る。

ドラフト１位　九人の光と影

澤宮優　41105-7

栄光のドラフト一位。しかし、誰もが成功するわけではない。初めて着ぐるみに入った元巨人・島野修から、プロを蹴った幻の一位・志村亮まで。

南海ホークスがあったころ　野球ファンとパ・リーグの文化史

永井良和／橋爪紳也　41018-0

球団創設、歓喜の御堂筋パレード、低迷の日々……南海ホークスの栄光と挫折の軌跡を追いつつ、球場という空間のあり様や応援という行動の変遷を活写。ファンの視点からの画期的な野球史。貴重な写真多数！

ああ！ 懐かしのプロ野球黄金時代

山口瞳　41170-5

プロ野球見巧者が記録した、昭和30年代からの日本シーズン、ペナント報告。川上哲治元巨人軍監督との対談や、野球狂たちとの熱血談議も収録。単行本未収録！

時刻表２万キロ

宮脇俊三　47001-6

時刻表を愛読すること四十余年の著者が、寸暇を割いて東奔西走、国鉄（現ＪＲ）二百六十六線区、二万余キロ全線を乗り終えるまでの涙の物語。日本ノンフィクション賞、新評交通部門賞受賞。

終着駅

宮脇俊三　41122-4

デビュー作『時刻表２万キロ』と『最長片道切符の旅』の間に執筆されていた幻の連載「終着駅」。発掘された当連載を含む、ローカル線への愛情が滲み出る、宮脇俊三最後の随筆集。

美女と野球

リリー・フランキー　40762-3

小説、イラスト、写真、マンガ、俳優と、ジャンルを超えて活躍する著者の最高傑作と名高い、コク深くて笑いに満ちた、愛と哀しみのエッセイ集。「とっても思い入れのある本です」――リリー・フランキー

オックスフォード&ケンブリッジ大学　世界一「考えさせられる」入試問題

ジョン・ファーンドン　小田島恒志／小田島則子〔訳〕　46455-8

世界トップ10に入る両校の入試問題はなぜ特別なのか。さあ、あなたならどう答える？　どうしたら合格できる？　難問奇問を選りすぐり、ユーモアあふれる解答例をつけたユニークな一冊！

なぜ人を殺してはいけないのか？

永井均／小泉義之　40998-6

十四歳の中学生に「なぜ人を殺してはいけないの」と聞かれたら、何と答えますか？　日本を代表する二人の哲学者がこの難問に挑んで徹底討議。対話と論考で火花を散らす。文庫版のための書き下ろし原稿収録。

集中講義　これが哲学！　いまを生き抜く思考のレッスン

西研　41048-7

「どう生きたらよいのか」――先の見えない時代、いまこそ哲学にできることがある！　単に知識を得るだけでなく、一人ひとりが哲学するやり方とセンスを磨ける、日常を生き抜くための哲学入門講義。

史上最強の哲学入門

飲茶　41413-3

最高の真理を求めた男たちの熱き闘い！　ソクラテス・デカルト・ニーチェ・サルトル…さらなる高みを目指し、知を闘わせてきた32人の哲学者たちの論が激突。まさに「史上最強」の哲学入門書！

史上最強の哲学入門　東洋の哲人たち

飲茶　41481-2

最高の真理を求める男たちの闘い第２ラウンド！　古代インド哲学から釈迦、孔子、孟子、老子、荘子、そして日本の禅まで東洋の“知”がここに集結。真理（結論）は体験によってのみ得られる！

こころとお話のゆくえ

河合隼雄　41558-1

科学技術万能の時代に、お話の効用を。悠長で役に立ちそうもないものこそ、深い意味をもつ。深呼吸しないと見落としてしまうような真実に気づかされる五十三のエッセイ。

インストール

綿矢りさ　40758-6

女子高生と小学生が風俗チャットでひともうけ。押入れのコンピューターから覗いたオトナの世界とは?! 　史上最年少芥川賞受賞作家のデビュー作、第三十八回文藝賞受賞作。書き下ろし短篇「You can keep it.」併録。

蹴りたい背中

綿矢りさ　40841-5

ハツとにな川はクラスの余り者同士。ある日ハツは、オリチャンというモデルのファンである彼の部屋に招待されるが……文学史上の事件となった百二十七万部のベストセラー、史上最年少十九歳での芥川賞受賞作。

二匹

鹿島田真希　40774-6

明と純一は落ちこぼれ男子高校生。何もできないがゆえに人気者の純一に明はやがて、聖痕を見出すようになるが……。〈聖なる愚か者〉を描き衝撃を与えた、三島賞作家によるデビュー作＆第三十五回文藝賞受賞作。

犬はいつも足元にいて

大森兄弟　41243-6

離婚した父親が残していった黒い犬。僕につきまとう同級生のサダ……やっかいな中学生活を送る僕は時折、犬と秘密の場所に行った。そこには悪臭を放つ得体の知れない肉が埋まっていて⁉ 　文藝賞受賞作。

スイッチを押すとき 他一篇

山田悠介　41434-8

政府が立ち上げた青少年自殺抑制プロジェクト。実験と称し自殺に追い込まれる子供たちを監視員の洋平は救えるのか。逃亡の果てに意外な真実が明らかになる。その他ホラー短篇「魔子」も文庫初収録。

93番目のキミ

山田悠介　41542-0

心を持つ成長型ロボット「シロ」を購入した也太は、事件に巻き込まれて絶望する姉弟を救えるのか？　シロの健気な気持ちはやがて也太やみんなの心を変えていくのだが……ホラーの鬼才がおくる感動の物語。

カルテット！

鬼塚忠　41118-7

バイオリニストとして将来が有望視される中学生の開だが、その家族は崩壊寸前。そんな中、家族カルテットで演奏することになって……。家族、初恋、音楽を描いた、涙と感動の青春＆家族物語。映画化！

野川

長野まゆみ　41286-3

もしも鳩のように飛べたなら……転校生が出会った変わり者の教師と伝書鳩を育てる仲間たち。少年は、飛べない鳩のコマメと一緒に“心の目”で空を飛べるのか？　読書感想文コンクール課題図書の名作！

不思議の国の男子

羽田圭介　41074-6

年上の彼女を追いかけて、おれは恋の穴に落っこちた……高一の遠藤と高三の彼女のゆがんだＳＳ関係の行方は？　恋もギターもＳＥＸも、ぜーんぶ“エアー”な男子の純愛を描く、各紙誌絶賛の青春小説！

走ル

羽田圭介　41047-0

授業をさぼってなんとなく自転車で北へ走りはじめ、福島、山形、秋田、青森へ……友人や学校、つきあい始めた彼女にも伝えそびれたまま旅は続く。二十一世紀日本版『オン・ザ・ロード』と激賞された話題作！

平成マシンガンズ

三並夏　41250-4

逃げた母親、横暴な父親と愛人、そして戦場のような中学校……逃げ場のないあたしの夢には、死神が降臨する。そいつに「撃ってみろ」とマシンガンを渡されて⁉　史上最年少十五歳の文藝賞受賞作。

キシャツー

小路幸也　41302-0

うちらは、電車通学のことを、キシャツー、って言う。部活に通う夏休み、車窓から、海辺の真っ赤なテントにいる謎の男子を見つけて……微炭酸のようにじんわり染み渡る、それぞれの成長物語。

リレキショ

中村航　40759-3

“姉さん”に拾われて“半沢良”になった僕。ある日届いた一通の招待状をきっかけに、いつもと少しだけ違う世界がひっそりと動き出す。第三十九回文藝賞受賞作。

夏休み

中村航　40801-9

吉田くんの家出がきっかけで訪れた二組のカップルの危機。僕らのひと夏の旅が辿り着いた場所は——キュートで爽やか、じんわり心にしみる物語。『100回泣くこと』の著者による超人気作。

ギャグ・マンガのヒミツなのだ！

赤塚不二夫　41588-8

おそ松くん、バカボン、イヤミ……あのギャグ・ヒーローたちはいかにして生まれたのか？　「ギャグ漫画の王様」赤塚不二夫が自身のギャグ・マンガのヒミツを明かした、至高のギャグ論エッセイ！

神さまってなに？

森達也　41509-3

宗教とは火のようなもの。時に人を温めるが、時に焼き殺すこともある——現代社会で私たちは宗教とどのように対峙できるのか？　宗教の誕生した瞬間から現代のかたちを通じて、その可能性を探る。

はじめての聖書

橋爪大三郎　41531-4

羊、クリスマス、十字架、ノア、モーセ、イエス、罪、愛、最後の審判……聖書の重要ポイントをきわめて平易に説き直す。世界標準の基礎知識への道案内。ほんものの聖書を読むための「予告編」。

幸せを届けるボランティア　不幸を招くボランティア

田中優　41502-4

街頭募金、空缶拾いなどの身近な活動や災害ボランティアに海外援助……これってホントに役立ってる？　そこには小さな誤解やカン違いが潜んでいるかも。“いいこと”したその先に何があるのか考える一冊。

女子の国はいつも内戦

辛酸なめ子　41289-4

女子の世界は、今も昔も格差社会です……。幼稚園で早くも女同士の人間関係の大変さに気付き、その後女子校で多感な時期を過ごした著者が、この戦場で生き残るための処世術を大公開！

池上彰の　あした選挙へ行くまえに

池上彰　41459-1

いよいよ18歳選挙。あなたの１票で世の中は変わる！　選挙の仕組みから、衆議院と参議院、マニフェスト、一票の格差まで——おなじみの池上解説で、選挙と政治がゼロからわかる。

学校では教えてくれないお金の話

金子哲雄　41247-4

独特のマネー理論とユニークなキャラクターで愛された流通ジャーナリスト・金子哲雄氏による「お金」に関する一冊。夢を叶えるためにも必要なお金の知識を、身近な例を取り上げながら分かりやすく説明。

世界一やさしい精神科の本

斎藤環／山登敬之　41287-0

ひきこもり、発達障害、トラウマ、拒食症、うつ……心のケアの第一歩に、悩み相談の手引きに、そしてなにより、自分自身を知るために——。一家に一冊、はじめての「使える精神医学」。

自分はバカかもしれないと思ったときに読む本

竹内薫　41371-6

バカがいるのではない、バカはつくられるのだ！　人気サイエンス作家が、バカをこじらせないための秘訣を伝授。学生にも社会人にも効果テキメン！　カタいアタマをときほぐす、やわらか思考問題付き。

10代のうちに本当に読んでほしい「この一冊」

河出書房新社編集部〔編〕　41428-7

本好き三十人が「親も先生も薦めない本かもしれないけど、これだけは若いうちに読んでおくべき」と思う一冊を紹介。感動、恋愛、教養、ユーモア……様々な視点からの読書案内アンソロジー。

著訳者名の後の数字はISBNコードです。頭に「978-4-309」を付け、お近くの書店にてご注文下さい。